今、なにを信じるか？

固定観念からの飛翔

西園寺昌美
Saionji Masami

白光出版

今、なにを信じるか？

——固定観念からの飛翔

目次

第一章——Hop

想いの影響力を知る

想念が世界に及ぼす影響　8
想いは生きている　22

第二章——Step

信じることの偉力を知る

常識から超常識へ——生命エネルギーを呼び覚ます　42
信じるという選択　64
信じる力の偉力　92

第三章——Jump　本当の自由へと飛翔する

真実の自分　118
自然体の素晴らしさ　132
自らの想念からの解放　152
呼吸法の偉力　164
光明の言葉を生かすノウハウ——神性意識の土壌を築く　187
古い信念からの飛翔　202

参考資料　215

カバーイラスト・伊東　宣哉
ブックデザイン・渡辺美知子

今、なにを信じるか？

固定観念からの飛翔

――現実は心の中で築かれる。

第一章

Hop 想いの影響力を知る

想念が世界に及ぼす影響

人は本来、すべての束縛から自由である

今日《こんにち》、かつてないほど尋常ならざる出来事や不可解な現象が多発し、また信じ難いほど低年齢化してゆく子どもたちによる殺人など、心の崩壊が世の中に蔓延《まんえん》している。しかもそれが日常的にまでなってきているのには、さすがに嘆かずにはいられない。

だが、ただ嘆いてばかりいても何も変わりはしない。世の中の心ある人々は、今日我々が直面しているあらゆる出来事や、かつまた、戦争、紛争、飢餓、難民などの問題に対して「自分とは直接関わりのないこと」などと無関心でいるのではなく、それらの問題に関心を向け、その解決法を自ら考えてみるべきである。

世の中で今、何が起こっているのか、何故そのようになってしまったのか、自分なら一体どうするか、その解決のためには何をすればよいのか……というように、一人一人が関心を持つことによって、人類の価値観や常識が再認識され、世の中の誤った軌道を修正するエネルギーが生まれてくるからである。

現にそれらは人ごとではないのである。我々もいつまた被害者の、あるいは加害者の立場に立たされるか、誰にも分からないのである。つまり、これは人類すべての問題なのである。

我々の意識を束縛し、我々の心に、そして社会や世界全体に、苦悩と悲惨さと、不幸と衝突を生み出しているものは、一体何なのか。その原因を知るために、人類一人一人は自らの心の探求に時間を割《さ》く責務がある。今まで我々は、それを避けてきたのである。だが今日、もう避けて通れる段階ではなくなってしまった。これは、我々一人一人の未来に関わる問題でもある。

我々は本来、何者からも決して束縛されるべきものではないのである。事実、自分を束縛している者は誰もいないのである。

だが、多くの人は、常に誰かに、何かに束縛されていると強く感じて生きている。誰もが自分の人生を自由自在に生きているとは思っておらず、何かに強く束縛され、制限されていると感じている。それが国家か、教育か、仕事か、ノルマか、プレッシャーか、競争か、それすらもはっきりと認識されてはいない。だが、常に束縛感を感じているのは事実である。

それは個の目標と、社会、国家、世界の目標が異なっているがため、どうしてもそこに束縛感が生まれてくるのである。個の目標と人類の目標とが根本において一つにつながっているならば、自分の将来に対する展望も開けてくるのである。しかし、人間がつくり、定めた常識、道徳、倫理、知識、教育、宗教に把《とら》われてしまうと、その枠から外れた思考、言動行為を為す人は、束縛を余儀なくされる。

人類一人一人はそれらを超え、個の目標と人類の真の目標とが一致するよう探求してこそ、自由自在に生きられるのである。人類一人一人、誰もがみな、究極の真理を探求するならば、自ずと個人も人類も同時に幸せになるのである。

一人一人の想念があらゆる現象を引き起こしている

人類は、他者との交流を通して、異質なるものから自らに必要なもの、望ましいものを吸収すべきなのである。それでいて、決して個を失うことなく、自らのアイデンティティ（独自性）を自由自在に発揮してゆく。こうした生き方こそ、束縛のない生き方と言えるのである。

個を表現することとは、自らを自らたらしめるための方法である。自分を一番素直に、自分らしく表現することが個性である。人間は、幾生《いくしょう》もの転生（生まれ変わり）を繰り返しつつ、自らの思考、言動行為を通して、自らを表現する方法を意識的に学んでゆくのである。

六十数億の人々がみな、自らの個を表現しつつ、全体と一つに融け合い、調和した世界に住むようになれば、そこにはマイナスのカルマは何一つ存在し得ず、すべて消滅してしまう。人類はそこに行き着くまでに幻惑と錯覚を繰り返しつつも、ステップアップしてゆくのである。

現在でもなお、人類の多くは、その真理を明瞭《めいりょう》に把握することが出来ないでいる。皆、霧や霞の中で生きているようなものである。いつも周囲の状況はかすんで見え、真実の姿はその奥に隠されてしまっている。

これはとりもなおさず、自分の本心そのものが霧や霞に覆われているということなのである。

しかしそれは、決して自分の周囲が霧や霞に覆われているのではないのである。そうではなく、実際は周囲の状況をあるがままに見ることを、自らが阻《はば》んでいるのである。人は、自分の本心を覆っている霧や霞を取り去ることによってこそ、真実を見ることが出来るようになるのである。

いかなる人も真実そのもの、真理そのものを、自分に都合のよいように曲げることなく、ぼやかすことなくはっきりと直視できる心を養うことが必要である。自分にいかなる批判、非難、あるいは評価が向けられようとも、それらは決して他からもたらされるものではない。自らの内なる潜在意識が外なるものに、そのように働きかけているに過ぎないのである。それらはあくまでも自分自身の為せる業《わざ》である。決して自分を取り巻くものが霧や霞に覆われているのではなく、あくまでも自分自身の本心が霧や霞、雲に覆われているに過ぎないのである。

物質界にあらゆる現象や出来事を引き起こしているのは、自分をはじめとする人類一人一人の想念そのものであることを知らねばならない。その一人一人の想念が、真理に沿った善なるもの、輝かしきもの、調和せしもので覆い尽くされているならば、自分はもとより、世界は確実に平和に向けて進化創造されてゆく。だが、残念ながら現状を眺めてみると、そういう状況とは全く逆の方向に向かっているとしか思えない。

宇宙の法則を破る者は、宇宙の法則によって滅び、宇宙の法則に則《のっと》る者は、宇宙の法則によって生かされる。

人類一人一人は、この真理をよくよく知るべきである。そして、自らの想念が物質界にあらゆる現象や出来事を引き起こしているということに、もう気づくべきである。

今こそ、種々さまざまなる現象や出来事が引き起こされている原因と、その過程をよく理解すべきなのだ。この世の中に戦争、紛争、飢餓、病、対立、差別などの現象が引き起こされているのは、ある特定の人々によるのではなく、自分を含めた人類一人一人の想念の結果なのである。

戦争、紛争、病、飢餓を引き起こしている原因は、人類一人一人の否定的想念——憎しみ、恨み、差別、敵意、嫉妬、権力、欲望などの暗黒想念エネルギー以外の何ものでもない。人類一人一人の否定的想念こそが、現在進行しつつある世の中の乱れ、破壊、滅亡へのプロセスを生じせしめているのである。しかし、もうこれ以上、そのプロセスを継続させ、最悪の事態へと至らしめてはならないのである。

言葉の持つエネルギーについて

そのためにも今こそ、人類はこぞって聖なる言葉を放つべきである。

激しい感情、憤り、不満、批判、非難、恨み、憎しみ、怒りなどの否定的な言葉の波動は、破壊を生み出してゆく。大自然を破壊し、人と人との関係を破壊し、かつまた自分自身をも破壊してゆく。

否定的想念のエネルギーは、自らの神経系に作用してゆく。そして自らの激情は、自らの肉体を激しく抑圧し、肝臓や胆汁に影響を及ぼし、体内に毒素をつくり出してゆく。不安、恐怖、悪い予感など、心配にまつわる想念波動は、自らの肉体を衰弱させ、活力の衰退を引き起こしたり、諸器官の機能を低下させ、病気に至らしめる。また、悲しみ、絶望などの言葉の波動は自らを自己喪失へと追い詰め、自己不信、自己破壊へと導いてゆく。そして、自分のみならず、家族や社会、ひいては国家、世界へと波及してゆく。

人類は、日頃何気なく使っている一つ一つの言葉の積み重ねによって、病気になったり、事故に遭ったり、人との不仲や不調和に陥ったり、失敗や自己喪失などを繰り返し、徐々に自らの人生と世界の状況を狂わせてゆくのである。

しかし我々は、これらのいかなるマイナスの状況をも、必ず変容させることが出来るのである。真なる言葉、聖なる言葉、光明なる言葉を使うことによって、自らの病も運命も、また世界の状況も同時に変えてゆくことが出来るのである。

法則は実に簡単、シンプルである。常に真理の言葉を発しつづければよいのである。それが出来ないと言う人は、自らの人生をその弱き意志により放棄したも同然である。

今日、人間は常に自分の心をチェックする必要がある。多くのものを追い求めるがあまり、物質や肉体のみに価値を置くようになると、欲望そのものや、また、欲するものが得られない時の不平不満、憤り、苦悩などにより、自らの心にマイナスの要因を引きつけてゆくからである。

人間は常に自分の心を神聖なるもの、完璧なるもの、神なるものへと向け、それを意識して生きるならば、マイナスの要因を引きつけることは絶対にない。その崇高な意識を強化するのが祈りである。それを行なうことによって、自分の意識が常に希望に燃え、可能性と理想を持って生きられるようになるのである。

毎朝の祈り、印により高い意識を持つ

世界平和の祈り(注1)や印(注2)は、自らを宇宙神のひびきに合致させ、自らの肉体的、物質的欲望を取り除いてくれる働きをする。そして自らの意識を新たな、より高い段階へと引き上げてゆく。

祈り、印は自らの感情想念——特に否定的想念を鎮《しず》め、精神を安定させてくれる。そして自らが発する真理の言葉、神聖なる言葉、無限(注3)なる光明の言葉により、その言葉が示す具体的な意味において、宇宙神のひびきが地上に降ろされる。これが祈り、印の本質である。

祈りの目的は、神性との一体化を果たすことであり、印は宇宙神のひびきと一体となり、自らが神へと至るツール（道具）なのである。

今、我々に必要とされるのは、あくまでも自らを完成へと推し進めてゆく意志と、内的な無執着である。そのために自らが置かれている、さまざまな欲望のからみ合う環境から、自らを引き離すだけの強い意志が必要となる。

それには、祈り、印の時間を毎朝、持つことがよいのである。そして、朝の祈り、印により、魂が高揚した、その高い志、意識を一日中維持させるよう試みるべきである。

巷《ちまた》の物質波動の中に身を置きつつも、高次元意識を維持しつづけるには、それなりの努力が必要である。否定的カルマに巻き込まれそうになったら、その瞬間、すかさず五分ほど深い呼吸による祈りや印を行なうか、または無限なる光明の言葉を唱えるのである。

そのように、自らの周りに漂うカルマや低次元意識の渦に飲み込まれないためには、絶えず自らの心をチェックし、注意を払う必要がある。隙《すき》あらば引きずりおろそうとする低次元カルマに絶えず注意しなければならないのである。

これは、言葉で言うのは実に簡単であり、また、知識として蓄えるのも実に簡単なことである。だが、これを日常生活においてコツコツと毎日実行することは大変難しい（無限なる可能性！）。なぜならば、心はいとも簡単に、低次元レベルへと転げ落ちるからである。しかし、毎朝三十分ほど、真剣に神聖なる言葉（人間と真実の生き方、印の宣言文、光明の言葉など）（注4）を語り、祈り、印を組みつづけるならば、自らの欲望や否定的想念に自らのエネルギーを与えることがなくなってくる。そして、それらはエネルギー不足に陥り、見る見るうちに萎縮《いしゅく》し、やがては消滅してしまうのである。

人類の多くは、意識に上ってくるあらゆる不安、恐怖、病気への心配といった否定的想念に、無意識のうちにエネルギーを与えつづけてしまっているのである。それらに自らのエネルギーを与えれば与えるほど、それらの否定的想念は現実化してゆくのである。

真理を知らない人は、この悪循環を毎日繰り返している。そのため、人生は少しも好転せず、それどころかますます悪くなってゆくという状況に陥っているのである。

だが、究極の真理を知る人たちは、自らの意識を真理の中に投げ入れ、自らのエネルギーをその崇高なるひびきに捧げつづけているのである。そして自らの希望や願いや望みを神への意識、神への憧憬《どうけい》、神との一体化に向け、エネルギーを注いでゆく。そのため、自らの願いや望みはエネルギーの法則により、エネルギーが注がれるほどに膨れ上がり、ついにはその通りに現実化されるのである。

究極の真理を知る人と知らない人とでは、このように人生において大きな差が生じてくるのである。

不安、恐怖、心配の念が生じたならば、即、祈り、印を組み、自らの意識を神の意識へと引き上げることにより、自らのエネルギーは、不安、恐怖、心配の想念に注がれなくなり、それらの想念は次第に萎縮し、ついには死に絶えてしまう。

欲求や欲望などもそうである。欲望にエネルギーを与えないことである。その代わりに崇高な志、希望、無限なるものすべてに意識を集中させるならば、それらの無限なるものは必ず地上に顕現されてゆくのである。

否定的想念にエネルギーを注がないこと

究極の真理の真髄は、自らのエネルギーの使い方にある。エネルギーは力である。パワーである。自分の思ったことを必ず実現させてしまうだけの偉力を秘めている。

なぜ人は病気になるのか。不幸に陥るのか。失敗するのか。挫折するのか。不調和なのか。戦争、対立を起こすのか。それは、自らのエネルギーをそのような想念に注いでいる結果に他ならないのである。それが証拠には、自分が思わないこと、思ってもみないことは、決して実現してはいないのである。

人は自分の能力以上のことは思えないものである。例えば、大政治家、大科学者、大芸術家……などは、本人が、そうなろうとする志にエネルギーを注ぎ込んできたがゆえにそうなれたのである。大抵の場合は、自らの分相応のレベルで、自らの想念の通りの現実を引きつけ、具体化させているのである。そして、その多くは否定的想念の結果を引きつけているのである。

人は自らが思うように生きているのである。自分が思わないことは、決して現実に生ずることはない。人間はポジティブな想念形態を築くことにより、自らの人生を輝かしき最高のものへと進化創造させてゆくことが出来るのである。

（注1）白光真宏会創始者・五井昌久先生提唱の「世界平和の祈り」を指します。この祈りをするところに必ず救世の大光明が輝き、自分が救われるとともに、世界人類の光明化、大調和に絶大なる働きをなします。巻末の参考資料参照。

（注2）印には、さまざまな種類があります。著者が提唱した自己の神性を顕現させる「我即神也の印」と、人類に真理の目覚めを促す「人類即神也の印」は、国内外に広まり、多くの人々によって組まれています。この二つの印は、宇宙エネルギーを肉体に取り込むための、発声を伴った動作です。印の組み方は、白光真宏会のホームページ（http://www.byakko.or.jp/）でご覧いただけます。

（注3）無限なる愛、無限なる幸せ、無限なる健康……など、無限なる○○という「光明思想の言葉」を指します。これらを唱えることで、自己の神性を自覚できるようになります。また、日常生活の中で、否定的な想いや言葉を発した時に、それを打ち消すための言葉として用いれば、悪い因が善い因に変わってゆきます。（例えば、憎しみの想いが出た場合、その反対の〝無限なる愛〟を唱え、打ち消します）光明思想の言葉は、巻末参照。

（注4）「人間と真実の生き方」は、巻末参照。

（注5）「我即神也」「人類即神也」の真理を表わした文章を指します。巻末資料。

想いは生きている

想いには力がある

我々の頭の中では瞬々刻々と、さまざまな想いが浮かび上がっては消えてゆく。それらの多くは、大して意味も為さぬような、とりとめのないものである。

果たしてこの想いとは、いかなるものなのであろうか。

我々は時に、強く意識して一つのイメージを心の中に思い描く時がある。そして、その想いは、過去から現在を通過して、未来へと駆け巡る。

こうした想いの断片をあれこれ取り上げ、問題にしても始まらないが、これらの想いには、どのような影響力があるのだろうか。

心ある人ならば、この種々さまざまな想いが無数に組み合わさり、自分の人生に大きく関わっていることに気づいているはずである。どのような想いが心の中にとどまっているかによって、人は時には繊細に、時には鈍感に、時には強く、時にはにぶく、そして時には清く崇高に、また時にはみだらで低俗に、時には知的に、時には愚かに……と、さまざまな状況を呈してゆくからである。

心踊るような輝かしい歓喜に満たされたかと思えば、次の瞬間には黒雲のような不安、恐怖、絶望感が立ち籠めることもある。日々瞬々刻々、変わりゆく想いは、まるで自分の心を支配しているかのようではあるが、実体があるわけではない。かといって、全く影響力がないわけでもなく、実際、我々の人生はこの想いによって、常に振りまわされているのである。

そうした状況を鑑みると、我々の想いは力を持っているようにも思われる。だが、果たして想いには力があるのか。

もちろん、力があるのである。そればかりか、想いは生きているのである。かつまた、すべての想いは種々さまざまな色をも伴っているのである。

人は常にさまざまな色の想念を放ちつづけている

想いの色について説明する前に、まず、太陽の光を思い浮かべていただきたい。

ご存じのように、太陽の光がプリズムを通し空中に放射される時、その光は赤、橙、黄、緑、青、藍、紫の七色に分散される。

それらには、それぞれ固有の波長があり、波長が最も長いものは赤色、最も短いものは紫色である。すべての光はそれぞれ波長に伴った色彩を放ち、また、それらは他のものと交わらない限り、純然たる色彩をたたえているのである。

想念もまた然りである。希望や神聖さに満ちた祈りや瞑想などは、限りなく透明な青や白光を放ち、愛、慈しみ、清純さなどは澄んだ深紅色を放つ。

反対に怒り、憎悪、野心、欲望、嫉妬、残虐性に燃えた想いは常に、毒々しい赤や、どす黒い炎のような濁った色を放っている。絶望、利己主義、貪欲さは限りなく暗い灰色や黄褐色である。

このように、想いというものは同時に色をも宇宙空間に放ちつづけているのである。

この想いの波は、エネルギーでもある。エネルギーというのは、即ち生命の力である。想いは力であり、生命であるとなると、想いは生きているということになるのである。

想いは種々さまざまな組み合わせにより、実に複雑怪奇な力を発揮してゆく。その際、色も混合し、種々さまざまな色合いを織りなしてゆく。それこそ限りなく白光のものもあれば、限りなく濁ったものまで……。人類は、この宇宙空間に、人それぞれの想念による色彩を放ちながら、自らの存在を世に示しているのである。

自らが悪しきことを思えば、その瞬間、暗黒想念と濁った色彩が宇宙空間に放たれてゆく。それらは生きているため、自分と同じように宇宙空間を浮遊している人類一人一人の想念の中から、自分に類似している、波長の合う資質を引き寄せ、集めてしまうのである。

それはつまり、自らの心が暗黒想念に満たされているならば、それに見合った低次元の想いを、相手の心の中から引き出してしまうということである。その結果、自らの想念に他の人々の否定的な力が加わって、自らの暗黒想念は、激しい活動性を帯びた生きもののような存在に変じてゆくのである。

この想念の生きものは、放った人の意識をそのままに、大変な力とエネルギーを内に蓄えつつ、その意識の具現化を図ってゆくのである。従って、それが誰かに向けられた場合、想念を送る者の意志が強くしっかりとしていればいるほど、非常に強力な代行者となって、その偉力を発揮してゆくのである。

人の発した想念は、類似の想念を引きつけ自らに戻ってくる

この想念の原理は、話す人の声の原理に似ている。

例えば、コーヒーショップにて、誰かと二人で話をしているとする。話し手の声は音波となり、店内のあらゆる方向へ広がってゆく。この声の届く範囲は、大きさとひびきの強さによって異なる。これと全く同じように、強力な想念は、弱い想念よりもずっと四方八方へと伝わってゆくし、周りにも大きな影響力を与えてゆくのである。

だが、その時、周りにいる人々が、それぞれの相手と熱心に話し込んでいたり、想いをある事柄に集中させていたりすると、どんなに大きな声で話していようが、一向に耳に入らない。

想念波動もこれに似て、何かに一心集中していたり、または別の想いに心が満たされて

いれば、それほどの影響力が及ぶことはない。どんなに強い想いの波も、その人の周りをただ通り過ぎてゆくのみである。

ゆえに、心が常に祈り、真理のひびき、愛、希望、理想に満たされていれば、いかなる否定的想念も全く影響力を失ってしまうのである。人は心を無意識状態にしていたり、無防備にしていてはいけないのである。

それでは、誰かが発した憎しみ、怒り、嫉妬、報復、貪欲、怒り等の否定的情念は、一体どのようにして相手に、また周りに働きかけてゆくのだろうか。

それらの否定的暗黒想念はどす黒く、汚らわしい濃密な色を伴って、対象者に向かって挑みかかってゆき、周りにも振りまかれてゆくのである。

だが、その対象者が常に崇高な目的意識を持ち、気高い真理や祈りで心を満たしていれば、決してそのような想念の生きものなどに襲われることもなければ、巻き込まれることもない。却って、それらの想念をそのまま真理の鏡に反射させせて、想念の送り主に跳ね返すのである。

その想念の生きものは、自分を発した者に引き戻される途中、宇宙空間に漂っている、自分と似通った暗黒想念を引きつけ、巻き込み、さらにその力を倍加させ、想念の送り主のもとに帰ってゆくのである。

これが真理の法則である。自分の蒔いた種は必ず、自分が刈り取らねばならないのである。

そして、よいものも悪いものも含め、あらゆる想念の送り主の肉体は、自らの想念と色彩のエネルギーによって、幾重にも取り巻かれている。これが人間を取り巻くオーラとなる。

人は自らの欲望に打ち勝つよう意識のコントロールが必要

オーラとは、人間一人一人の背後から放たれる色彩である。常に真理を意識している人や、祈り、印、マンダラ(注6)を行なっている人のオーラは、白光、黄金色、青、紫などの美しく輝かしい光を放っているのである。自らの意識を反映した、崇高にして気高い想念と色彩とに加えて、祈り、印、光明思想を通して多くの人々を救済することにより、人類から限りなく深き感謝、喜び、成功、祝福などの想念、色彩が送り返され、自らの周囲をそれはそれは素晴らしい、輝かしいエネルギーとオーラで充たしているのである。

だが、低次元レベルの意識を持つ人々は、誰かの吐いた暗黒想念が自らに向かって飛びかかってきた時、その力、エネルギーに屈し、暗黒のオーラに取り巻かれてしまうのである。それら暗黒想念の生きものを払い浄めるだけの真理を体得していないからである。

そうした意味でも、人は自らの欲望に支配されてはならないのである。その欲望に打ち勝ち、欲望をコントロールできるよう、自らの意識を変えてゆくことこそ、人生というものである。

しかしながら、人間の想いは決して単純ではない。往々にして複雑である。例えば、愛情一つにしても、利己的であったり、執着であったり、束縛であったり、不自由であったり、嫉妬や憎しみ、情欲であったりと、さまざまな要素が絡み合っているものである。

だが、究極の真理を知り、それを行じる人からは、常に人類愛に満ちた、献身的で崇高な想念が放たれている。そのため、その崇高な想念の波動圏にいる人々の心の中に、同じような想念を引き出す相互作用が起こるのである。そして人々は、今まで眠っていた献身的な人類愛の心を刺激され、自然発生的に究極の真理に目覚めてゆくのである。

未だ低次元意識のまま、かつまた、貪欲、利己愛のみに生きている人々の心を目覚めさせるには、相当の時間を要するであろう。だが、彼らの心の中にも崇高な人類愛のひびきは届いているのである。

祈りや印は、それ自体が一種の生きもののような形を取り、人類の心の中に究極の真理を降ろしつづけている。そのため、いつの日か機が熟し、神縁が満ちた時、人類は必ず真理に目覚めてゆくのである。たとえ、祈りや印が、自らのために行なわれたものであろうとも、究極的には、その高貴な肉体を通して、人類のための働きを為しつづけてゆくのである。

このようにして、究極の真理が少しずつ理解されてくると、この世の中に矛盾、不条理、不平等などは決して有り得ないことが判るのである。すべては必然なのである。他からもたらされる誘惑でさえ、決して外から来るものではなく、自らの想念形態が引き起こした当然の反応に他ならないことが、自ずから判明するのである。

人はみな、自分自身の蒔いた想念波動に包まれ、それらに囲まれ、生きているのである。

想いは時間、空間を超え物質化現象を引き起こす

また、想念波動の生きものは、実際には起こらなかったことでも、あたかも起きたかのような、不思議な現象を引き起こすことがある。

例えば、ある母親が、遠くアメリカに住む娘に会いたいと強く思ったとする。その想いは時間、空間を超えて、あたかも自分がアメリカに居り、娘に会っているかのような想念形体の像をつくり上げてしまうのである。

この状況を、霊能者や透視能力を持っている人が見ると、そこに本当にその人が存在しているように見えてしまう。これは、この母親が、自らの想念形態を物質化するほどの強い念力を、充分に持っていたということの証である。また、同時に、宇宙空間に存在する種々さまざまなる物質（元素）を、自らのつくり上げた想念形態に集中的に引きつけたとも言えるのである。

このように、「自分は娘に会いたい」という強い念が高じると、それは一気に濃縮され、霊能者や透視者に見えてしまうほどの像を、時間、空間を超えてつくり上げてしまうので

ある。この時、普段は決して使われない肉体エネルギーが大量に放出され、使い果たされているのである。

かつまた、娘の側にあっては、普段は母のことなど思い出さないのに、突然心の中に胸騒ぎのような感覚を覚え、急に母のことが気になるのである。これもまた、母より放たれた「娘に会いたい」という想念エネルギーの影響である。

その想いの生きものは、母親の意識を離れ、宇宙空間に浮遊するたくさんの資質(元素)を引きつけながら、娘に自分の像を届ける。その結果、母が実際にはそこに居なくても、娘の心の中に母が会いに来たような、不思議な感覚を生じさせるのである。

このようにして、想念は時間、空間を超えて、はるか遠くにいる人にも、届けることが出来るのである。

この母親の場合、普段は気にならない娘のことが急に案じられ、心配や不安の念に駆られ、どうしようもなく会いたいという衝動に駆り立てられたのであるが、その強い感情想念は娘のところに飛んでゆき、彼女のオーラに作用して、彼女のことを何らかの危険から守護してあげたのである。それはどういうことかというと、母の直観が、そして強い愛が、近い将来娘の身に降り掛かるであろう誘惑や危険から見事に娘を守り、無事その場を脱け出せるよう導いたのである。こうした強い愛、そして直観ほど、素晴らしい偉力を発揮するものはない。また、その母が祈りや印を行じていたならば、まさにその数千倍、数万倍を上回るほど強力な宇宙神のエネルギーが加わり、この母の愛念は、娘の守護霊(注7)のような役割を果たし、それに力を与え、持続させてゆくのである。

だが、反対に、母の情の念が極度の心配や不安や恐れの強いものだとすると、娘に届く念波も、否定的な念波となってしまうため、娘も母と同じように、心配や不安や恐れを抱いてしまい、却って光明的な解決が為されにくくなってしまうのである。そして、その心配や取り越し苦労、不安や恐れの念は、二人の心をますます大きく占めてゆき、とうとう自分自身でも抑えきれない、治められないほどの力となって、二人の前に立ちふさがってくるのである。

この場合、真理を知っている人ならば即、自らの否定的想念を光明に転換することが出来るのである。

だが、真理を知らない人々は、自らがつくり上げた不安や恐れの念に巻き込まれ、飲み込まれてゆき、ついには、母も娘も本来ならば遭わなくてすんだはずの事件や出来事に衝きあたってしまうのである。

想念は生きているのである。生きているからこそ、その思った通り、心配した通り、恐れを抱いた通りの現実を起こしてしまうのである。

しかし、いかなる敵意の念や憎しみ、怒り、報復の念が自らの身に襲いかかってこようとも、自らの心の中に、何らその想いと共鳴する波長がなければ、自分は何一つ侵されることはないのである。ゆえに、人はみな一刻も早く真理に出会うことである。それが、運命を善きほうへと導き、創造してゆくための原点でもある。

真理を知れば、未来をいかようにも創造することが出来る

究極の真理を知り得た人のオーラは、宇宙神と同じ輝きを放つ。この光は、いかなる地震とも災難とも事故とも病気とも波長が合わず、決して共鳴することはない。

これらのマイナスの現象に出会う人々は、みな波長がそれらの事故や病気、災難に共鳴してしまうがため、避けることが出来ないのである。

その状況から脱け出すためには、自らの波長を粗雑で低次元なるものから高次元なるものへと高め上げるよう、常に努力せねばならないのである。

有害な想いが意図的に投射されても、それらの波長に対し何ら共鳴しなければ、全く問題外なのである。こちらが、世界平和の祈りや印、マンダラ、光明思想徹底行、地球世界感謝行などにより、常に宇宙神と同じ波長をひびかせていれば、いかに有害で破壊的な念波であろうとも、それを跳ね返すことが出来るのである。

しかもその悪い想いのエネルギーを、全部、跳ね返すのである。何一つのダメージもなく、自らに内在する真理の鏡によって、悪しきものをすべて反射させ、送り主のもとへ返してゆくのである。

今生に生まれし人は一人残らず、一にも二にも、三にも四にも真理に出会うことなしには、この現実から脱け出すことは出来ない。真理を知っている人、理解できている人は、自分の未来を素晴らしい、輝かしい希望をもって導くことが出来る。たとえ、過去、そして現在が恵まれず、満たされたものでなかったとしても、真理を知ったからには、未来をいかようにも自分の思う通りに運ぶことが可能になるのである。自分の未来は、過去、そして今現在の自分の想念のあり方で創造してゆくものである。

未来というものは、はっきりこうなるとは確定していないのである。いつでも変えることが出来るのである。そして幾つもの可能性があり、その中で、今現在の自分の心境いかんによって、一番ふさわしい未来を選択し、決定し、確定してゆくことが出来るのである。

我々が今、どう想い、どう行為に現わしてゆくかによって、未来はどんどん変わってゆくのである。未来はすべて決まっているのではないのである。しかし、現在の意識を変えないならば、未来は変わりようがないのである。

システム哲学者のアーヴィン・ラズロ氏は、「未来は予測するものではなく、創造してゆくものである」と語っているが、まさにその通りなのである。人はみな自らの想念によって、未来を築いているのである。過去世の記憶や教育、環境、体験など……種々さまざまな想念が入り組み、交わり、結びつき、自らの人生を織りなしてゆくのである。

本当に人はみなそれぞれ、各自の想いが生み出した世界で生きているのである。想いの偉力はすさまじいものなのである。

想いが生きているものと真実知った人は、その影響力の凄さを心より知るであろう。この究極の真理を知った以上は、誰もが否定的感情想念を発しつづけながら生きることの恐ろしさ、虚しさ、馬鹿馬鹿しさに気づくのである。そして、否定的想念がいかに破壊的であるかを知るのである。

世界は霊的成長を遂げ、人類は神秘力を開花させる

現在、世界はあらゆる面において、急激な勢いで変化を遂げているが、その大部分は霊的な進化である。人類は神秘的な能力に目覚めはじめ、同時に、究極の真理に出会う用意をかためているのである。その究極の真理とは、「我即神也」「人類即神也」である。これらは世界的に広がり、世界人類は目覚ましい進化創造を遂げるのである。

人類一人一人の心の中に、内的な変化が引き起こされるのは、その人が感動した時である。そして、真理に目覚めた人が無心で祈り、印を組む時、その聖なる美しき流れ、そして荘厳で至福に満たされた気高き顔に、側にいる人たちは引きつけられ、魅せられ、感動するのである。その大光明に満ちたエネルギーが、人々の心の奥に眠っていた真理の遺伝子を呼び覚まし、人々は、理性や知性を超え、魂の感性や直観の領域に入ってゆくのであ

る。

人間の感性や直観は、宇宙神と真っすぐにつながっているため、魂の琴線に触れ、感動した人は、自らに内在せる真理を蘇らせてゆくのである。そして、今までの生き方を根本から覆すほどの、全く想像を超えるほどの、眠っていた大きな力が突然ゆさぶられるのである。今まで何もかも不可能と思えていた状況が、可能であることに目覚め、今まで把われていたあらゆる難題が、全くとるに足らない枝葉の問題に思えてくるのである。

常識に縛られ、世間という眼に見えない圧力に屈していたことが、全く馬鹿馬鹿しく思えるようになり、未来における自らの可能性が目の前にパッと開けてゆくのである。そして、人々は自らの真髄を見出してゆくのである。自らの力で、無限なる直観を開花させ、輝かせてゆくのである。

（注6）マンダラには、さまざまな種類があります。著者が提唱した「宇宙神マンダラ」「地球世界感謝マンダラ」「光明思想マンダラ」は、宇宙のエネルギーの発信源です。これらのマンダラを描くことによって、自分の希望する人生が創造できるようになります。また、人類に真理の目覚

めを促し、地球の大自然、生きとし生けるものをよみがえらせてゆきます。マンダラは、白光真宏会のホームページ（http://www.byakko.or.jp/）でご覧いただけます。

（注7）人間の背後にあって、常に運命の修正に尽力してくれている、各人に専属の神霊を指します。守護霊は先祖の悟った霊で、正守護霊と副守護霊がいます。正守護霊は、一人の肉体人間に専属し、その主運を指導しています。副守護霊は仕事についての指導を受け持っています。なお、その上位にあって、各守護霊に力を添えているのが、守護神です。

——人はみな自分が信ずることを体験している。

第二章

Step 信じることの偉力を知る

常識から超常識へ
——生命エネルギーを呼び覚ます

感情想念と身体反応

人間は誰でも、何かを見たり、聞いたり、想像したり、何かに触れたりすると、即、身体に何らかの変化が生じるものである。

特に、嫌なものや恐ろしいものを見たり、不快音や自分への批判、悪口を聞いたり、奇妙なものに触れたりすると、身体がまず反応を示す。

中でも、恐怖感や不安感から来る身体的反応は、著しいものがある。鼓動が高なったり、顔面蒼白になったり、頭痛や吐気がしたり、腸管の一部が収縮したり、口や目の周りの筋肉が緊張し、固くなったり……と、身体のさまざまな部位に、さまざまな変化が起こるのである。

これらの身体的変化は、病気から来るのではない。あくまでも、瞬間的感情想念から来るのである。

その証拠に、美しく調和したものや素晴らしいものを見たり、感動的な話や魅惑的な音楽を聴いたり、心地よいものに触れたりすると、顔が幸せに溢れ、歓喜に頬が紅潮したり、思わず微笑がこぼれたり、それまでの緊張感や抑圧感から解放され、電撃的な恍惚感に浸ったり……と、これまた種々さまざまなる身体的変化が生じるのである。これらは、感情想念というものが、いかに身体に影響を与えているかの証と言えよう。

では、どのような感情想念が、心身に最も輝かしい変化をもたらすのであろうか。それは、言うまでもなく、光明の感情想念である。光明の感情想念こそが、人間の心身に輝かしき状態をもたらすものである。

従って、いかに複雑な環境に置かれていようとも、いかに逆境の立場にあろうとも、光明の感情想念を発することが大切なのである。

日々瞬々放っている感情想念が心身に与える影響は、実に多大なるものである。ゆえに、人間は常に、自らの心身がより快適になり、より自由になるような想いの習慣を、意識して身につけるべきなのである。

それには、豊かな知識が必要であるし、多くの可能性の中から自分にとって最も適切なものを選択し、決断する能力も求められるであろう。また、不利な状況を、出来うる限り回避する判断力も必要である。なぜなら不利な状況は、心身に悪影響をもたらすからである。自分の命をおびやかすほどの身体的変化が起きないように、より好ましい状況を、自らの力で創造する能力が必要となるのである。

精神と身体は表裏一体

いかなる人といえども、その身体的構造や、身体的発育過程はみな同じである。誰もが一様に、乳幼児―少年―青年といった発育期を経て、成人期を迎え、老齢期に達する。

発育期においては、なるほど身体は、どんどん成長し、大きくなるであろう。しかし、身体の基本的なシステムは、一生変わることがない。器官の働きも、全くといってよいほど変わらない。

肉体を構成している骨、関節、筋肉、内臓といった内部環境に関しても同様である。いかなる人といえども、人間としての肉体構造は、ほとんど変わらないのである。

それなのに、同じ人間として生まれ、同じ肉体構造を持ちながら、どうして人それぞれ、異なる肉体を形成してゆくのであろうか。

それは自分の意識、自分の感情、自分の思考という、まさに主観的な物事の捉え方、発想によって、個々に異なる状態がつくり上げられるからである。物事の捉え方、受容の仕方、対処の仕方、感じ方、思考が主観的であれば、結果が異なるのも当然のことである。ゆえに、同じ肉体構造を持ちながら、個の肉体に関しては、人それぞれ違ってくるのである。

そこに自我や思惑や疑いを差し挟んだ瞬間、自然の営みは乱れてしまう。我々が心の中で意識することはみな、我々自身の肉体の営みに影響を与え、肉体の状態を左右しているのである。

特に心の苦しみ、悲しみ、痛み、悩み、怒り、不安、恐怖が、どれほど本来健康であるはずの肉体を蝕《むしば》んでいるかは、計り知れない。肉体は、完全に精神にコントロールされてしまうのである。精神の影響力は、肉体のそれをはるかに上回っている。

だが、この精神と肉体の間に、はっきりとした境界はない。それぞれの範囲が明確に限定されているわけではなく、今ある状態も、どちらがどちらに影響した結果なのか、容易に識別することは出来ない。つまり、肉体と精神とは、二つに分けて論じられるものではなく、コインの裏表のように、一体となって、一人の人間を構成しているのである。そして、この肉体と精神が完全に調和してこそ、人間としての働きを完璧に完うすることが出来るのである。

別の角度から言えば、「肉体」という物質的な要素と、「精神」という非物質的な要素とが合体し、相互作用し、調和しつつ、個の人間が存在しているのである。この精神と肉体の相互作用を統合作用へと昇華させることにより、人間としての働きは完うするのである。

人智を超えた現象を引き起こすもの—生命エネルギー

例えて言うならば、このようなことである。

ある女性が、恋人との待ち合わせ場所に向かっているとする。彼女の全神経(精神と肉体)

は、「恋人に会える」という、その一点に集中している。そのため、日常の苦悩も悲しみも束縛も一旦忘れ、今はただ、恋人に会える喜びと幸せを胸一杯感じ取っている。

これは、精神と肉体が、うまく調和しつつ、相互作用している状態である。

恋人の待つ場所が、次第に近づいてくる。彼女の喜びは頂点に達する。恋人は、横断歩道の向こう側に立っている。思わず走り出した瞬間、突然、一台の車が彼女に向かって突進してくるのが見えた――。

彼女が望もうと望むまいと、一気に恐怖やパニックが彼女の心に襲いかかる。その瞬間、彼女の肉体を維持しているあらゆる内臓や器官、機能、とりわけ心臓や腸、皮膚などが即、反応を起こす。

こうした心の中の状態と身体の状態は、自分が今、どの空間（場）・時間（タイミング）に存在しているかによって異なってくる。空間――彼女が横断歩道に存在していなかったら……。また、時間――車が通りすぎた後に彼女が存在していたら……。すべての状況は、一変する。

だが、その時、彼女が「あっ、轢《ひ》かれる。もう、ダメ」と思い、その場に立ちすくんでしまったなら、どうなるであろうか。彼女の肉体は「もう、ダメ」という意識にコントロールされ、自らの肉体をその空間・時間にとどまらせてしまう。

後は、ご想像通り、悲惨な出来事が待ち受けているのである。

しかし、心の持ち方によっては、この悲惨な状況を一変させることも可能なのである。一台の車が彼女に向かって近づいてくる。その瞬間、彼女が望もうと望むまいと、日頃から意識していた光明の言葉――「必ずよくなる」「何とかなる」「絶対に大丈夫」「守護霊様、守護神様有難うございます」「我即神也」――などが、心の中に湧き上がる。

次の瞬間、心はただちに彼女の肉体を支配《コントロール》し、彼女の存在をその空間・時間内にとどまらせることなく、それればかりか、生命エネルギーを全身からかき集め、常識をはるかに超えた瞬発力を生じさせ、一歩、二歩と自らの肉体を前進させ、車を避けることが出来るのである。

これは、あくまでも彼女自身の精神の力によるものである。周りでこの状況を見守っていた人々は、百パーセント、彼女は車に轢かれたと思い込むに違いない。だが、彼女はかすり傷ぐらいで済んでいるのである。

それを見た人々は、「奇跡だ！　奇跡以外の何ものでもない！」と思うであろう。だが、これは決して奇跡でも何でもない。本来持てる精神の力を発揮し、身体中の生命エネルギーをかき集めて、瞬間物質移動を自らに生じさせたのである。

このように、人間は自分の心一つで、状況をいかようにも変えることが可能なのである。この域にまで到達するためには、日頃から小さな体験を積み重ねることである。そうするうちに、誰が見ても高く不可能なハードルをも、越えることが出来るようになるのである。

どんな人にも内在している心の力。この心の力によって、眠っていた細胞を目覚めさせ、生命エネルギーを一点（目的）に集中させるのである。この一点に集められた生命エネルギーこそが、人智を超えた現象を引き起こすものである。

この誰にも宿っている生命エネルギーをフルに目覚めさせ、フルに活動させるものこそ、光明なる精神（心）の力である。光明なる精神の力が肉体に作用することにより、生命エネルギーは一点に集中し、不可能と思える状況が見事に打開されるのである。

そして、この精神の力を高めるためには、「呼吸法の印」（注8）がよいのである。「呼吸法の印」

により、自らの生命エネルギーを一点に集中させることが出来るようになる。

反対に、この精神の力を抑制してしまうものは何かと言うと、それは、怒り、悲しみ、恐れ、萎縮、不安、出来ない、ダメだ、無理、不可能といった、否定的想念そのものである。

いかなる経験も、人格向上のためのプロセス

二十一世紀、人類はみな、自らの内に宿る、見えない、触れられない、感じられない生命力に目覚めてゆかなければならない。

それはただ、真理の本を読んだり、人の知識や体験を聞いたりするだけでは、駄目なのである。それでは単なる観念のみに終わってしまう。観念だけでは、本来の力を発揮することは出来ないのである。あくまでも一人一人が、それこそ小さな「経験すること」を積み重ねることにより、初めて自らの生をものにしてゆけるのである。そのことが認識できれば、後はどのようなことが起ころうと、大小種々さまざまの〝消えてゆく姿〟というだけの差異にすぎない、ということが判るはずである。

人生においては、経験がすべてである。何事においても、経験以外に自らの力を引き出すものはない。スポーツにおいても、芸術においても、政治においても、医学においても、初めから天才的な力を発揮できる人はいない。誰もがコツコツと小さな努力を積み重ね、初歩的、基礎的な経験を経て、自らに内在する本来の力に目覚め、自らのものとしてゆくのである。

しかも、一段階上昇するたびに、また新たなる練習や努力、経験を積むのである。そうした経験を、それこそ何十回、何百回、何千回と繰り返してゆくうちに、ついに誰の真似でもない、自らの貴重な生き方のコツというものを、体得するのである。

天才とは、特別な才能を持つ人のことではない。誰もが持っている無限なる能力をいちはやく蘇らせ、見事に発揮させた人のことである。

人類一人一人はみな、自らの人生の中に、哲学を見出してゆくべきなのである。

だからこそ、人類はその一人一人が尊いのである。一人一人が貴重な存在なのである。

人類六十数億人、その中で、同じ人生は決して存在しないのである。

そしてまた、いかなる人生においても、決して失敗などというものは存在しない。

事故に遭おうが、病気になろうが、不調和であろうが、自らの才能を認めてもらえなかろうが、不利な状況にあろうが、事業が倒産しようが、人から裏切られようが、人にだまされようが、それらもすべて、自らの尊い貴重な経験の蓄積となって、自分自身を進化創造してゆくのである。それによって、人間は、自らの人格を向上させてゆくのである。

人間の価値はバックグラウンドにあらず

人間には、善い人、悪い人、有能な人、立派な人、卑しい人、素晴らしい人、駄目な人、輝いている人、陰気な人、品のある人、下品な人、高潔な人、邪《よこしま》な人、徳のある人、徳のない人……等々、さまざまな評価がつけられる。

だが、人間の価値を決めるのは、その人のバックグラウンド（有名大学卒、名家の生まれ、金持ち、社長、教授、医者、弁護士、権力者、リーダーなど）では決してない。人間の価値は、その人の人格に比例するのであって、バックグラウンドとは何の関係もない。そのため、自らの人格をさらに磨き高め上げ、より立派な、より高潔な、より品格ある、より徳高い、より純潔な、より正義感に溢れた、より輝いた、より愛深い、より知的な、より叡智に富んだ、より直観力に秀でた、より大調和した人の姿にまで、自らを到達させねばならない。そしてついには、聖人、神人(注9)と称されるようになるのである。

人間の価値は、人との比較によって決まるものでは決してない。そういった評価は、二十世紀の物質文明時代を代表する価値観である。二十世紀の人間の価値観は、名誉ある地位に就くための、より金持ちに、より権力者に、より支配者になるためのものであった。だが、二十一世紀の人間の価値観は、全く違ったものとなる。人格がすべてである。

そして、今生にて種々さまざまな経験をし、それらを超えていったという、その経験こそが、人格向上への布石となるのである。

だからこそ、自分の人生は人と決して比較できないし、また、人も決して自分の人生を真似できないのである。いかなる体験も、振り返ってみれば、自分にとって必要だったのである。自らの人格を高めるために、決して避けては通れなかった、尊い体験なのである。すべての事柄、状況、環境を、自らの責任において受容し、それらを通して学びを勝ち取ってゆくのである。いかなる苦しみも悲しみも痛みも、すべては自らの人格を向上させるための学びなのである。

二十世紀の常識を覆すために

二十一世紀の生き方は、二十世紀をはるかに超えた、スピリチュアルな生き方である。二十一世紀は、さまざまな体験を通して、途方もない精神力、生命エネルギーが自らの内にあることを学び、その力を使いこなすことにより、常識では不可能とされることをも可能にしてしまうのである。

そのためには、本来の自分というものを自覚しなければならない。本来の自分とは、高次元意識レベルの自分である。

二十一世紀、人類一人一人は本来の自分を呼び覚まし、二十世紀までの低次元意識レベルの常識を、覆してゆかねばならない。そして、人類一人一人の高次元意識レベルにより、それまでの常識を、新たなる超常識に変えてゆくのである。

二十一世紀を生きるからには、人類はそのことをよく自覚し、実行に移さねばならない。そのためにも、自らの意識を高みに引き上げ、追い込んでゆくほどの、気力と気迫が必要となるのである。

自らの意識を高め上げるためには、何をおいても「呼吸法の印」により、自らの生命エネルギーを崇高なるもの一点に集中させることが大切である。

常識を超常識に変えるには、心底、いや魂の底から常識を覆してゆくほどの、ゆるぎない信念と精神力が必要なのである。そしてついに常識を超えた時、自分自身がより自由に、よりパワフルに、よりエネルギッシュに、より有能に、より輝かしく、より人格者に、より聖なる者に変わってゆくのを発見するのである。

常識を覆すことは、究極の真理を理解できない人には無理であろう（無限なる可能性！）。なぜなら、常識の範囲内にどっぷりと浸かりこんでいると、出来ることも出来ないままだからである。

物事を可能とならしめるには、究極の真理を信じることが絶対条件となる。自らが何を信じるか、何を信じているかが、すべての鍵なのである。

人間は肉体が主で、死んだらすべては無になる。

自分は本来、神聖なる人間ではない。

「我即神也」「人類即神也」が信じられない。
自分の能力には限界がある。
人間は弱い、はかない、未完成なものである。
人間は取るに足らない、不完全なものである。
物質がすべてであり、バックグラウンドこそが人間の価値を証すものである。
人生は苦悩の連続だ。
輪廻転生など信じない。
原因結果の法則など判らない。
心が肉体を支配するなど信じられない。
心と肉体は別々ではなく表裏一体であることなど判らない、信じられない……。

これらはすべて、二十世紀において常識とされてきたことを並べ連ねただけである。
このように、真理ではないことを強く信じたり、真理そのものが判らない状態では、自らを変えようとしても、なかなか変えられるものではない。これは確かに難しいことである。

だが、二十一世紀に至り、究極の真理が広まり、人類が真理に目覚める時が来た。これからは、ますます真剣に自らの「信」を強め、自らの「信」に対する確信を深め、自ら率先して、二十世紀の常識にぶつかってゆく勇気が必要であろう。しかし、自らが、未だ心の片隅で二十世紀の常識を信じているならば、その影響力は乏しい。

確かに、二十世紀の常識の中にも、真理に近いものは存在していた。だが、それらは完全なる真理ではなかった。人間がより快適に生きられるようにと、人間がつくり出したシステムであった。真理ではなく、道徳・倫理観に則ったシステムだったのである。

我々は、そのことを心から知らなければならない。これからの人類に必要なものは、真理と非真理とを区別できる叡智なのである。

すべての体験は人格を高め上げるため

人類はみな、いつまでも同じ場にとどまってはいない。いつまでも同じレベルに連なってはいない。誰もがみな、レベルアップしてゆくのである。あらゆる体験を積み重ねながら、昇ってゆくのである。

悪い体験も善い体験も、嫌な体験も素晴らしい体験も、すべてが尊いのである。また、苦しみも悲しみも痛みも憎しみも怒りも……すべての感情を体験し、それらを昇華させることにより、自らの人格は磨き高め上げられ、自らを立派な人格者に至らしめることが出来るのである。しかし、体験の乏しい人は、それなりのレベルにとどまってしまうのである。

ゆえに、自分にいかなる不利な状況、痛み、苦悩、失敗がもたらされようとも、それらから逃げず、避けず、遠のかず、すべては自分のため、よりよき人格を磨き高め上げるための体験なのだと、積極的に受容してこそ、人生最大の学びを得るのである。それにより、自らの人格はどんどん高まってゆき、ついには神人そのものとなるのである。

人類はこれまで、常識に把われ、常識に支配され、常識に縛られてきた。常識が存在するゆえに、我々は苦しいこと、嫌なこと、不安なこと、悲しいことから逃れようとしてきたのである。しかし、二十一世紀、人類の意識が、超常識に基づく「超意識」に変容されると、苦しいことや嫌なことに対しても、見方が全く変わってくる。

「これもすべて、自分自身の向上のため、自分の能力を最大限に発揮させるため、自分の無限なる叡智と能力を極めるための一つの試練として、今、こうして自分の前に、困難な状況、状態が繰り広げられているのだ。よし、逃げるもんか。これを超えることによって、自分はさらに立派になってゆくのだ」と思えるようになるのである。

そして、自分が立派になることによって、次にまた何か起きたとしても、動じなくなるのである。かつて、困難を乗り越えたという体験が、大きな自信と確信につながり、すべては前生の因縁の消えてゆく姿として、当然のように喜んで受容できるようになるのである。(注10)

苦しみは、潔く受け入れても、あるいは避け、退けても、自分の目の前に現われた以上、受け止めなければならないものである。それを、嫌々ながら、仕方なしに受け止めたのでは、せっかくの体験も、あまり自らの糧にはならない。同じ痛みや苦しみや悩みでも、積極的な受容と消極的な受容とでは、その後の結果に大きな差が生ずるのである。

苦しみを積極的に受容した場合、その後の結果は、想像以上に素晴らしいものとなるであろう。余りにもすべてが難なく、スムーズに乗り越えられてしまうのである。

普通に考えるならば、これは不思議なことのように思えるが、決して不思議でも何でもない。なぜならば、積極的に、果敢に臨んでゆく精神力こそが、素晴らしい結果を生み出す源だからである。「やるぞー」「受けるぞー」「出来ないことはない！」「大丈夫、絶対にうまくゆく」「すべてを見事に成就させる！」こうした意気込みを見せるということは、天に自分のやる気を刻印していることになる。すると、天はそれに応じて無限なるパワーを送り返し、応援してくれるのである。

さらに、その意気込みにより、自らの身体中に点在していた生命エネルギーが、それこそ光明の感情想念に一点集中するのである。その精神の気迫、迫力、やる気、積極性に裏づけられ、支えられ、その想念の通りの見事な輝かしき結果がもたらされるのである。

これこそが、人生の醍醐味である。自らの精神を集中し、生命エネルギーを一点に集めることにより、いかなる苦難も昇華し、奇跡のように輝かしく成就させてゆくのである。

このことを、ぜひ自らの人生において体験していただきたい。その体験が、揺るぎなき自信、確信となって、自分はもとより、その周りの人々にもよい影響を及ぼしてゆくからである。

すると、さらに多くの人々にも、その輪（よい影響）は広がってゆく。それらはあたかも波紋のように、無限に広がってゆくのである。このようにして、厳然と君臨していた二十世紀の常識は、神人一人一人によって、覆されてゆくのである。この「常識を覆す」ということこそが、神人が天から与えられた、大いなるミッションなのである。

そして、そのようなミッションを持つ神人たちは、いかなることをも完璧に乗り越えることが可能である。なぜなら、世界人類の意識を変革させようと試みておられる宇宙神、五井先生、大光明霊団は、この大切なミッションを、神人たちに百パーセント、クリアーしてもらうために、いかなる応援をも辞さないからである。天から、無限なる叡智、直観力、エネルギーを注ぎ込み、神人を大いにバックアップしてくださっているのである。つまり、神人になると、天から直接に、奇跡を起こすほどの無限なる光、叡智、能力、直観力、可能性が与えられるのである。神人に名を連ねたということは、この上なく栄誉なことである。

真理を待ちわびている人々に向けて

すべては、肉体が主ではないのである。肉体に限界があるから、出来ないのではないのである。心が出来ないと思うことにより、肉体も出来ないように抑制されてしまっているに過ぎないのである。

すべては一人一人の心の持ち方にかかっている。そして今、心の力によって、不可能を可能にしてゆく時代を迎えようとしているのである。一切のものは、ただただ心が創り出しているのである。不安も悩みもすべて、その人の心が創り出しているのである。

そして運命は、あなた自身が創り出すものである。

人類一人一人に、自分の夢や希望を叶える価値がある。そして、その力も充分に備えているものなのである。人類一人一人は無限なる可能性を秘め、すべてを実現させる力を有しているものなのである。

これは絶対である。ただし、自分がそれを信じるか否かの問題である。

信じれば、信じた通りの方向へと導かれてゆく。疑えば、疑いがますます増幅され、疑った通りの現実が自分の人生に現われる。

人生とは、自分がどのような生き方を信じているかの現われである。

自分の意志の力と生命エネルギーは、自分の信じるほうへと注ぎ込まれる。そして、その結果、自分の思った通り、信じた通りの人生が展開されてゆくものなのである。

だが、そうであるならば、自分が人類の悪、苦悩、罪、過ち、差別、偏見、不完全性を信じることを止め、代わりに、人類の善、愛、祈り、癒し、調和、創造性を信じるならば、どれほど自らの人生にプラスになり、そして人類を正しき方向へと導いてゆくか、計り知れないのである。

（注8） 特別な呼吸法による人類即神也の印を指します。

（注9） 神性に目覚めた人を指します。白光真宏会には、神人になるための特別プログラム「神人養成課題」があります。「神人養成課題」は、白光真宏会のホームページ（http://www.byakko.or.jp/）でご覧いただけます。

（注10） 今生に現われてくる事象は、人間の過去世から現在にいたる想念が、その運命となって現われたものであり、それらは消えてゆく時に起こる姿なのだ、という教えを指します。

信じるという選択

真理を実践しているのに、なぜ状況はよくならないのか？

人間の想念というものは、実に複雑なものである。

高次元意識レベルに生きる人々の想念は、ごくシンプルである。しかし、一般の人々の場合、ある一つの想念の中にも、種々さまざまな想いが複雑に絡み合っている。

そのため、自分では、善き状況、調和した状況、平安な状況を創造してゆこうと決意し、意識するのであるが、なかなか思うようにはゆかない。

心の中で懸命に、光明思想を肯定しようとしている自分が、現実に今、全くうまくいってはいない。すべてが落ち込んでいる状況である。

そんな時、ただ観念だけで、頭の中だけで善き状況、健康な状況、調和した状況、すべてに充たされた状況を想像し、創り出そうと努力しても、なかなかそう思えないのが現実である。

このように、人間の想念とは、実に複雑なものである。せっかく努力して、光明思想に徹しようとしても、もう一人の自分が、そう思い込もうとする自分を打ち消してしまうのである。本当に、自分の心ですら自分の思うようにならないものなのである（無限なる光明！）。

だがしかし、それは、本当の意味での光明思想とは言えないのである。真の光明思想とは、今のこのうまくいっていない状況を、心の中で一生懸命、うまくいっているかのように想像し、思い込もうとすることではないのである。このことは、五井先生の真理「消えてゆく姿で世界平和の祈り」(注11)にも相通ずるものである。

仮に今、ある人が、病気や事故、倒産といった、不調和な状況に置かれているとしよう。彼の心は不安に揺れるが、〝これもすべて、前生の因縁の消えてゆく姿である。消えれば必ずよくなるのであるから、それらのすべてのものを世界平和の祈りの中に投げ入れればよいのである〟と思い、一生懸命「消えてゆく姿で世界平和の祈り」を祈りつづけている。

だが、不安は消えず、その不調和な状況、何もかもうまくゆかない状況は一向に変わらない……。

これではいけないと、彼はさらに、一生懸命力を込めて、「消えてゆく姿で世界平和の祈り」を祈る。だが、現実は厳しく、悪い現象は、そう簡単に消えてはゆかない。

頑張っても消えないせいで、心の中にはまた新たな不安や疑いが湧き上がる。この不安や疑いを消すために、彼はたたみかけるように、「消えてゆく姿で世界平和の祈り」を祈る。

しかし、祈っても祈っても、現実は一向に変わらない。こんなに一生懸命祈っているにもかかわらず、なぜ彼の身に、このようなことが繰り返し起こるのだろうか。

答えは簡単である。この問題点を洗い出すため、さらに焦点を絞って解説してみよう。

正しい「消えてゆく姿で世界平和の祈り」～Aの場合～

ここに、AとBという人物がいる。この二人が、時を同じくして病気にかかったとしよう。予期せぬ病気に、二人の心は動揺している。

しかし、Aは日頃から、とても素直に、純粋にみ教えを行じていた。「消えてゆく姿で世界平和の祈り」を一生懸命行じていたのである。

そのため、ふいに不安や疑い、恐怖等が湧き出しても、彼は素直に、徹底的に〝これは、前生の因縁の消えてゆく姿だ〟と捉え、世界平和の祈りに投げ入れることが出来るのである。

Aは、なぜそんなにも、素直に行じられるのであろうか。

それは、A自身が、病気の奥に潜んでいる真意をしっかりと捉えているからである。真理を深く理解できているからである。ただ、〝消えてゆく姿で世界平和の祈りを祈ればそれでいいのだ〟と、やみくもに祈っているのではなかったのである。

突然の病気は、Aにとっても予期せぬ事態であった。だが、その原因は自分でも判らぬながらも、過去世のある時点で、自分は病気になる原因をつくり出していたのだと、理解しているのである。ゆえに、過去世の因縁が、こうして今、病気の症状となって、自分の前を通り過ぎ、やがては消えてゆくのだと、心から納得しているのである。

こうしてAは、辛い症状を乗り越えるのであるが、それでも一旦は快方に向かっても、肉体を持っている以上、また新たな、異なる症状が現われてくる。

これにはさすがのAも、つい不安や疑いや恐怖を抱いてしまう。だが、Aには、世界平和の祈りを日々祈りつづけてきたという実績がある。そのため、心はあくまでも、「消えてゆく姿で世界平和の祈り」の真髄を摑み取っているのだ。

「すべては消えてゆくのだ」「必ず消えるのだ」「消えた後は必ずすべてがよくなるのだ」「病気が癒されようが癒されまいが、結果が問題ではない。それ以上に心身ともに調和した、平安な善き状態が現われてくることこそ重要なのだ」と、病状に把われることなく、自らの意識をプラスのほうへと集中させ、祈りつづけることが出来る。

Aは、「必ずよくなる」という確固たる信念を自らの手に摑み取っているが、それでもなお、疑いや不安が頭をかすめる。「本当に治るかしら?」「死ぬのではないかしら?」……諸々の否定的想念が、心の奥から突き上げてくる。

だが、それでもAは、自分の否定的想念に負けたりはしない。その都度、「消えてゆく姿で世界平和の祈り」で対処し、自らの否定的想念を一つ一つ、乗り越えてゆく。自らの想念を、しっかりとプラス思考に変容させているのである。

それを繰り返し、積み重ねた体験によって、いつの間にか不安や疑いが少なくなり、ついには湧いてこなくなるのである。プラス思考のエネルギーが、とうとうAの心の中の不安や疑いを消し去ってしまったのである。

Aは他にも、念仏のように「我即神也、我即神也、我即神也……私は本来、光り輝いている。永遠の生命である。病気は消えてゆく姿である」と唱えつづけていた。そうするうちに、否定的想念は、強力な光のエネルギーによって、消し去られてしまったのである。光明の言葉、真理の言葉に秘められた神秘の力、無限なるエネルギーによって、Aの心は病気に対する不安から、神のイメージへと誘導されていったのである。

つまり、Aは自らの信念により、己に打ち勝ったのである。光明思想が暗黒思想を打ち破り、自らの心を光へと変容させたのである。

これは、快挙である。徹底した揺るぎなき信念、光明思想の積み重ねの成果と言えよう。日頃、自分が何を語り、何を信じ、何を思うかによって、人は知らず知らずのうちに、その信じている方向へ、語る方向へ、思う方向へと誘導されているのである。

誤った「消えてゆく姿で世界平和の祈り」～Bの場合～

こうしてAは、病気を通して神そのものの心境へと至ったのであるが、一方、Bの場合はどうであろうか。

Bは、予期せぬ病気に不安を募らせ、「これも消えてゆく姿だ」と懸命に祈るが、病気は一向によくならず、それがさらなる不安を呼ぶ。そして、否定的想念の悪循環に陥ってしまう。

Bも、Aと同じように祈っているのに、なぜこのような違いが生じるのであろうか。

それは、同じ真理の道、「消えてゆく姿で世界平和の祈り」を行じていても、Bが普段語っている言葉、信じているもの、表わしてきた行為は、否定的なものが多かったのである。そのため、病気になっても、その現象の奥に真理を見出すことが出来ず、相変わらず不安や疑い、死や恐怖といった、否定的想念を抱いてしまったのである。その結果、否定的想念の悪循環からどうしても脱け出せなくなってしまったのである。

Bは、現象の奥に潜んでいる真意を理解しておらず、現象そのものに縛りつけられてしまっている。Bが信じているのは、消えてゆく姿ではなく、消えない姿なのである。消えてゆく姿を消させないように、無意識に仕組んでいる。否定的想念を固く握りしめたまま、その想念に翻弄されつづけているのである。

Bも、Aと同じように、自らの信ずる方向へと自らを誘導しつづけているのだ。だがBは、せっかく消えてゆこうとしているものを消させないよう、自分自身で仕向けているのである。そこへきて、かつての習慣の否定的感情想念が、病気への不安、恐怖を増幅させてしまう。そのため、消えるものも消えないのである。

いくら光明思想といっても、自分が真に思えないこと、信じられないことを無理してポジティブに思い込もう、信じ込もうとしても、そこには無理が生じるのである。

無理して努力してプラス思考を信じ込もうとする、その行為の裏には、それ相当の疑い、不安、恐怖を本当は信じているという、紛れもなき事実があるのである。

その不信感が、自分の心を大きく占領していることに、自分自身、気づいてはいない。いや、本当は気づいているからこそ、その事実をごまかして、自分は光明思想に徹しているのだと、自ら信じ込もうとしているのである。だが、それは無理なのである。

間違った信念を変える方法——真理の書の朗読

この消しても消しても、なおかつ湧き起こる否定的想念は、一体どうしたら消えてゆくのだろうか。

それには、自らの心のあり方を正すことが大切であるが、否定的想念が強い人というのは、自分、自分、自分……と、余りにも肉体自我に把われ、執着しているため、なかなか自分の信念を変えることが難しい。

そういう人は、得てして思い入れも強いものである。それゆえ、自分の病気、自分の感情、自分の意識、自分の健康、自分の生命、自分のレベル、自分の所有物、自分の能力、自分の使命……といった、自分に関するものに執着してしまう。要するに、自我意識が強いのである。

それればかりか、そういう人は自分の想念、思考それ自体にエネルギーがあるという真理が判っておらず、自らの想念エネルギーを、その把われたものに強く注ぎ込んでしまうのである。

何かに把われると、自らの想念エネルギーは、その把われた対象に多く注がれる。すると、その把われは大きく膨らみ、増幅しつづけ、ついにはその把われが現実となる。それが想念の法則というものである。

このBの場合は、「消えてゆく姿」にではなく、「消えない姿」に心が奪われ、把われている状態である。その上で、自らの心を善きほう、ポジティブなほう、真理の法則に沿ったほうへと無理強いしても、自分でもなかなか納得できないのである。

だとすれば、その頑固な思い入れをどのように変えてゆくかが鍵となるであろう。それには、究極の真理が収められた書、『神と人間』(注12)を、繰り返し繰り返し朗読し、魂に真理を刻み込んでゆくことが、一番効果的である。そこに書かれた生き方を、自らに習慣づけることである。それまでの悪しき習慣の生き方を、真理そのものの生き方に変容させることによって、ついには善きこと、素晴らしきことのみが現実に現われるのである。

自分の前にいかなる消えてゆく姿が現われようとも、それには必ず原因があり、その原因をつくり出したのは、他ならぬ自分である。その事実を認めようとせず、受容せず、真理を探求しようともせず、ただやみくもにプラス思考を信じ込もうと努力し、祈っても、なかなか消えるものではないのである。それは、いわゆる空念仏《からねんぶつ》である。結局は、同じ低次元意識レベルをグルグル廻っているにすぎないのである。

もちろん、空念仏でも、やらないよりはやるほうが格段にいいが、これでは途方もなく時間がかかる。やはり、真理を正しく理解することが、何にも増して有効なのである。

真理を正しく理解するためには、自らの内に潜む、真理に対する疑いや不信を拭い去ることである。そして、真理に対する疑いや不信から脱け出すためには、五井先生の真理の書を徹底的に読むことである。それも、声に出して朗読するのである。あるいは、「我即神也」「人類即神也」を唱えることである。すると、真理の書から放たれる真理が、光明の言葉に秘められたエネルギーが、いつのまにか自分の魂の中に浸透してゆくのである。いつのまにか、自らを神の領域の方向へと導いてくれるのである。

幸福な人生は、ただ待っていても訪れるものではない。努力して創り上げてゆくものである。そのためにも、人は自らに与えられている役割をきちんと果たさねばならない。置かれた立場、境遇、環境は違っても、皆それぞれに役割を担っているのである。一人一人が、その役割を通して幸せを受け取り、かくして平和な世界が創造されてゆくのである。

人はみな、自らの力を超えた、偉大なる力に気づかねばならない。そして、自らの幸せのみに執着するのではなく、同時に世界の平和を築き上げてこそ、自分という人間がこの世に誕生した、その目的が果たされるのである。

自らに与えられた役割を果たすことこそ、人生の最大の意義である。

正しきものを信じるか否か……それが人生の分かれ道

人生とは、常に二者択一だ。自分が……を信ずるか、信じないか、それに尽きる。その選択によって、人生は大きく左右されるのである。

信じるか、信じないかは、あくまでも本人の自由意志によって決まる。他の人に、本人の自由を奪う権利はないのだから。

まず自分たちの運命を大きく、決定的に左右する二者択一の例を挙げてみよう。

- あなたは神を信ずるか、否か。
- 祈りの力を信ずるか、否か。

・我即神也、人類即神也を信ずるか、否か。
・守護霊、守護神のお見守り、お導きを信ずるか、否か。
・永遠の生命を信ずるか、否か。
・輪廻転生を信ずるか、否か。
・自らに内在する無限なる能力を信ずるか、否か。
・自らが自らの運命を創造してゆくという真理を信ずるか、否か。
・原因・結果の法則を信ずるか、否か。
・自分の思ったことはすべて実現するという想念の法則を信ずるか、否か。
・自らの可能性を信ずるか、否か。
・自然治癒力を信ずるか、否か。
・自らが発するポジティブな言葉、想念、行為によって自らの運命が築き上げられてゆくという真理を信ずるか、否か。
・想いはエネルギーであるという真理を信ずるか、否か。
・自分の語る言葉に力があることを信ずるか、否か。

・自分がいかなる境遇、状況、不幸な状態にあったにしろ、それらのことは決して他から及ぼされるのではなく、すべて自分の言葉、想念、行為の結果であるという真理を信ずるか、否か。

今、列挙した課題のうち、あなたが信じているものは、幾つあっただろうか。多ければ多いほど、あなたの魂は古く、崇高にして気高く、有能で限りなく神に近い人であるといえる。

これらの幾つも信じられないと思われる人は、未だ魂が幼く、さらに輪廻転生を繰り返し、魂の体験を経て、種々さまざまなる真理の法則を体験してゆく必要がある。

またここに、新たなる二者択一の例を挙げてみる。

・あなたは、病気を信ずるか、否か。
・二元対立である悪、不幸、苦悩、貧困を信ずるか、否か。
・人類がつくり上げた常識、人生とは苦悩多きものという格言を信ずるか、否か。

・幸せとは、物質がすべてである。物質を人よりも限りなく所有することによって、富、権力、財力、成功、繁栄を得て幸せに至ると信じているか、否か。
・自らに内在せる無限なる神秘力よりも科学の万能の力を信ずるか、否か。
・占いを信ずるか、否か。
・このグローバル時代にあって、自分の直観、叡智よりも多くの情報を信ずるか、否か。
・自分よりも他の力を信ずるか、否か。

これらの多くを信ずる人は、真理の法則を知らずに生きている人と言えよう。そういう人たちは、苦悩多き、迷い多き人生を辿らざるを得ないのである。

さまざまな情報の中で、正しきものを摑むには

このように、人類一人一人はみな、何を信じるかによって、自らの人生を創造しているのである。誤ったものや、真理から遠く離れたものを信じるならば、いくらまじめに努力し、勉強しても、自分の欲する心境にはなかなか至らないのである。

今生は、真理の法則を学ぶための場である。今生に生きている間にこそ、正しき真理の書に出会い、真理を学ぶ必要があるのである。だがこの世には、余りにも多くの情報源が存在している。この氾濫する情報の中から何を選択し、何を信じ、何を目標に生きてゆくかが、人生の分かれ道となるのである。

もし、あなたが今、光り輝いた幸せな人生を送っているならば、それはあなたの自由意志によって、たくさんの情報源の中から輝かしき情報を選択し、輝かしき方向へと歩みを進めていった結果である（情報とは実にエネルギーに満ち、それこそ単純なものから高次元のもの、そしてより深い究極的なものまで存在する）。

そしてもし、あなたが今、苦悩多き人生を送っているならば、それもまたあなたの自由意志によって、たくさんの情報源の中から否定的な情報を取り込んでしまった結果なのである。

誰の責任でもない。能力の優劣の問題でもない。ただただ、何を信じて生きているか、それに尽きるのである。

そしてまた、自分は何を信ずるのか、それを変えることも、もちろん可能なのである。

すべては本人の自由意志によるのである。

運命は定まってはいない。いくらでも変えることが出来るのである。もし、あなたがネガティブな人生からポジティブな人生へと、不幸多き人生から輝かしき人生へと変えたいと望むならば、ポジティブで輝かしきものを信じればよいのである。信じるものを変えるためには、やはり真理に出会う以外に道はない。

自分は真理の書に出会いたいのだ、真理の人に触れるのだという信念を持ち、歩みを進めてゆくならば、必ずいつか、真理の書や人に出会えるのである。

まず、自らを信じることがすべての始まり

今のあなたの不幸は、苦悩は、不調和は、自らの信じた結果が現われてきているのである。今の状況、環境、運命を変えたいと思うならば、自らの手で真理を摑み取ることである。それにはまず、自分を絶対的に信ずることから始まるのである。

人生の分かれ道は、自分が何を信じ、何を目的に生きるかにある。だが、そうであるならば、他を信ずる前に、まず自分自身の存在そのもの、自分の価値そのもの、自分の尊厳

そのもの、自分の無限なる能力そのもの、自らの可能性そのものを信ずることから第一歩が始まるのである。自分自身の可能性、尊厳性、価値を信じずして、他のいかなるものを信じたとしても、それは本末転倒である。

どんな人も、今生に生きる価値がある。尊い生命を有している。誰にも侵すことの出来ない尊厳性を備えた、神性そのものである。いわゆるオールマイティの神性を兼ね備えた一人一人が、個の天命、個の権利、個の責任、個の役割、個の意志、個の自由、個の創造性を認識し、発揮してゆくことこそ尊いのである。

そもそも、すべての原点は、個とは何か、自分とは何かという問いかけである。それが為された時、初めて、「自分は神の分身であった」という真実を知るに至るのである。

そして、その尊き自分は、目に見えないものによって生かされている。決して自分一人で生きているのではないのである。その真実に気づいたならば、意識は自然に外界へと広がってゆくのである。

その生命の神秘性に目覚めた時、人は真の人生を歩みはじめるのである。そして、自分が今、こうして生かされていることに対する感謝の念、畏敬の念が湧いてくると同時に、他人に対する感謝の念、畏敬の念が湧き起こってくるものなのである。つまり、人間の理解を超えた神秘なる世界を信ずることが、人生を素直に、純粋に生きるための秘訣と言えよう。

何を信じるかによって、人生は善きほうにも悪しきほうにも運ばれてゆく。その原点は、まず自らの神性を信じることなのだ。そこからすべてが始まる。

それは、いわゆる究極の真理「我即神也」そのものである。究極の真理を知るとは、自分の偉大さを知り、自分の生命の尊さを知り、自分の無限なる能力を知ることに尽きるのである。

その原点から新たな一歩を踏み出すことにより、人は種々さまざまな情報の中から、自らの適確な直観力、叡智、判断力により、何を信じるべきか、何を捨てるべきかをはっきり理解できるようになってゆくのである。

人類の半分以上、いや九十パーセントの人々が信じている周知の事実であっても、自分の内なる直観力がそうでないと信ずれば、それは自分にとって正しい選択ではなくなるのである。たった十パーセントの人しか信じていない情報が、正しいこともあるのである。

他の人の意見や周りの状況に決して惑わされないことである。

自分の足元をしっかりと見つめ、見極めてゆけば、自分の前に光が現われるのである。その光は、人生の前途を明るく照らし出してくれるであろう。あなたはただ、その照らし出された先を、まっすぐに進んでゆけばよいのである。

だが、その明かりでさえも、実は自らの神性が導き出した光なのである。それは、自分を常日頃見守り、導いておられる守護霊、守護神の光そのものでもある。

消えてゆく姿の自分を信じてはならない

人間はもっともっと、強く強く自分自身を信じなければならない。自分自身を信じられずして、どうして幸せな人生が創造できるであろうか。他を羨み、他の真似をし、他を信じ、他に追従してゆく生き方は、自らの本質である神性を捨てて生きるのにも等しい。

自分を信ずるということは、自らの欠点、自らの失敗、自らの無能力、自らの限界、自らの汚点を、自分そのものだと信ずることではないのである。それらはすべて、真の自分ではなく、消えてゆく姿の自分であるということを、まず信じなくてはならない。

いかなる欠点も不幸も、前生の因縁である。それらが、種々さまざまな否定的な結果となって現われて消えてゆくのであるという、その〝消えてゆく姿〟の法則を信ずるのである。不幸な自分、至らない自分、能力のない自分、自信のない自分、何をやっても駄目な自分、そして自分を信じられない自分を信ずるのではない。真理の法則そのものを信じるのである。

どんなに恵まれた人であっても、生まれてから死ぬまで、一生幸せで、平安で、苦労や悩みのない人など存在しない。皆、誰でも自分と同じように苦しみがあり、悲しみがあり、不幸があり、痛みがあるのである。だが、人によっては、それらを見事に乗り越えて、自信に満ちた輝かしい人生を歩んでいる。それは何故か。

それは、今現在の不幸な自分、苦しい自分、悩める自分を捉えて、自分は不幸なのだ、自分の人生は苦しみの連続だ……等と思い込みはしないのである。消えてゆく姿の自分を、信じ込みはしないのである。

彼らは、真理の法則を信じて生きている。そのため、いかに否定的な環境や状況、状態にあっても、即、苦しみの自分、不幸な自分とは結びつけないのである。

「それらは、長い人生から見れば、ほんの一瞬のプロセスに過ぎない」という真理を信じて生きているのである。

「苦しみや不幸や病気がふりかかろうとも、それらの苦しみや不幸や病気は、永遠に続くものではない。

自分でもはっきりしたことは判らないが、過去のある時点で、自らのつくり出した原因が、今、こうして縁を結び、結果となって現われているのだ。

しかし、これは必ずいつか消え去るものである。そして、消えれば必ずよくなる。明るい幸せな状態がやってくる」

というふうに、〝消えてゆく姿〟の法則を信じているのである。

ゆえに、その人が信じる通り、消え去った後には、よいことが目の前に開けてくるのである。

真理に目覚めた人の、善循環の人生

人生とは、自分が何を信じ、何を選択し、何を決定してゆくかで決まる。日々瞬々刻々、二者択一の連続である。その選択をする際、何を基準にして選択をするかが問題なのである。

つまり、その基準がネガティブなものか、ポジティブなものかで、人生ははっきり明と暗に分かれるのである。

いついかなる時も、ポジティブな選択を下すためにも、その選択決定する際の自らの信念こそが大切なのである。自らの信念が真理に沿ったものであるか否かによって、人生は決定的に分かれてしまう。

人によっては、不幸の連続、病気の連続、悲しみの連続、災難の連続の人生となることもあろう。こういった人たちは、自らの信念が常に不幸になること、病気になること、悲しみに覆われることを自らが選択しているのである。

彼らは常に不幸を恐れ、病気になりたくない、悲しみたくないと思い、選択を下すのであるが、どうしても、否定的な方向へと自らが自らを導いてしまうのである。

なぜならば、自らの神性を信じられず、常に自らのマイナスのみを信じているため、何かを選択する際、自分の心の中に潜んでいる不安、恐怖、疑いが大きく頭をもたげるのである。

よりよい選択をしようと自分でも思うのであるが、いざ選ぶとなると、それで本当によいのかな？　間違っていないかな？　また同じ苦しみが生ずるのではないかな？　病気になるのでは？　等と不安、恐怖、疑いが頭をかすめる。そして、また同じマイナスの条件となるべき種を植えつけてしまうのである。このような人は、どこかの時点ではっきりと、それまでの習慣の想いと決別しなければならない。この決断を下さない限り、消えない姿を一生握りしめたまま、苦悩多き人生、不幸な人生、トラブルの多い人生が続いてゆく。

それを変えるためには、真理に出会うことである。真理を求めることである。真理と出会うことを強く望むなら、その信念に従って、必ず真理に出会い、真理に目覚める時が来るのである。

その瞬間から、意識的に二者択一をしなくともよくなるのである。つまり、意識せずとも、自然と善なる選択をするよう、仕向けられてゆくのである。

すべては自分である。すべては自分の意識である。すべては自分の想いである。自らの想いこそがすべての原因であるし、想いによって、また新たな想い（原因となるべき種）

が生み出されてゆくのである。

真理に目覚めはじめると、不思議なくらい、人生が開けてゆく。すべてがより明るくなり、より幸せになり、より恵まれ、より可能性に溢れ、より上昇運に導かれてゆく。それは、自分が信ずる真理そのものが、よき人生を自らに引きつけてゆくからである。

真理に目覚めた人が出会うのは、不思議とみな、よい人ばかりである。仕事をすれば、自らの内から叡智や直観力が溢れてくる。すると、さらによい仕事が出来、多くの人々から信頼を得ることになる。信頼されればされるほど、それに応えてなお真摯に励むので、ますます失敗や不安、恐怖がなくなり、大きな仕事を手がけ、成功する……といった善循環の法則の神域に入るのである。

それに対して、真理に目覚めていない人は、すべてが悪循環の領域にて繰り広げられる。悪い人、ずるい人、だます人、いいかげんな人、怠惰な人、そんな人に引きつけられ、悪い人生を辿るのである。

例えば、ほんのちょっとした心身の不調でも、過大にこだわり、自分は何か大変な病気にかかっているのではないだろうかと、不安と恐怖に駆られてしまう。診察や検査を受け、医者から別に問題ないと言われても、逆に不信感にさいなまれてしまう。この医者は、何か重大なことを見落としているのではないか、と疑いはじめる。そして、自分はもしかすると、前例のない奇病なのではないかと心配する。すると、今度はそれがストレスとなり、何をするにも意欲がなくなり、不眠症に襲われる。こうして、否定的想念の悪循環に陥り、食欲が低下し、だんだんやせてくる。さらにまた、病気への不安、恐怖、疑いが湧き出てくる。

一体、彼は何を信じているのか。自分が病気であることをはっきり断定してほしいのか。だが、実際に病気と診断されれば、気が動転するほどのショックに陥るのである。それほど、気の弱い人間なのだ。大したことはないと言われれば言われるほど、猜疑心《さいぎしん》に悩まされ、自分の肉体に把われ、縛られてゆく。彼は、一種の病気ノイローゼのようなものである。

しかし、このような人は結構いるものである。一体何を信じて生きてゆけばよいのか、その根本が全く判っていない。

こういう人は、何をするにも迷いが生じ、不安が生じ、恐怖が生ずる。そして、自分に自信がないから、どうしてよいかが全く判らない。途方にくれるばかりである。やることなすことすべてが、マイナスのほうへと導かれてゆく。

これらの人々は、自らの信念を変えなければ、何もかも変わらない。病気であっても、仕事であっても、親子間、夫婦間の関係であっても、すべて自分の誤った信念の結果が生じてゆく。

まるで、近づいてはいけないこと、してはいけないこと、犯してはいけないこと、触れてはいけないことを、無意識にやってしまうかのように。

不幸に、苦悩に、病気に、事故に、災難に引き込まれてゆくように、自らが引きつけてゆくのである。悪循環の典型である。

人間は、信ずることの大切さ、重要さを心して知らねばならない。

何を信じようとも全く本人の自由であるが、信ずるからには、自分でその責任を果たしてゆかねばならないのである。

自らの神性を信じられ、自らの尊厳を信じられ、自らの存在価値を信じられるということは、何と幸せなことなのであろうか。だが、そうであるからには、世界人類の幸せのために、世界平和のためにに、ますます祈りに励み、印に励み、さらに高次元の善循環の神域にて生き切らねばならないのである。

（注11）怒り、憎しみ、嫉妬、不安、恐怖、悲しみなどの感情想念が出てきた時に、それらは新たに生じたのではなく、自分の中にあった悪因縁の感情が、消えてゆくために現われてきた、即ち消えてゆく姿だと観て、世界平和の祈りを祈り、その祈りの持つ大光明の中で消し去る行のことです。この行を続けると、潜在意識が浄化されてゆきます。

（注12）五井昌久先生の代表作。霊と魂魄、生前死後、守護霊守護神、因縁因果をこえる法等、神と人間との関係が詳しく明示されています。

信じる力の偉力

人類の遺伝子に刻み込まれた究極の真理

人類はみな、魂のレベルにおいて、究極の真理を知っている。人類一人一人の肉体を構成する一つ一つの遺伝子に、真理そのものが刻み込まれているのである。

だが、今生に誕生した途端、誰もが「記憶喪失症」に陥るがごとく、そのことを忘れてしまう。そして、自分の過去を記録したデータ（情報）も、すべてスイッチ・オフになってしまうのである。

しかし、その過去のデータは、消えたわけではない。遺伝子の中に厳然と存在しつづけている。そして魂は、そのデータをもとに、地上における人生設計をたて、自己完成に向けて自らを進化創造させてゆくのである。過去世に犯した過ちや失敗を、今生で二度と繰り返さないよう、自らに強いてゆくのである。今生においては真理のみを体験し、顕してゆけるように……という希望を込めて。

過去、何十生、何百生、何千生にもわたって、さまざまな民族、人種、宗教、職業を経験してきた魂はみな、ある一つのことを学ぶ。それは、いかなる状況にあろうとも、愛のみを表現してゆくことこそが人生において最も尊く、素晴らしい行為であるということである。

彼らは、究極の真理を体験し、その真理の法則に沿って生きる醍醐味を味わう。そこに無上の喜びを感じるのである。そして、真の至福、即ち人生の輝き、調和、平和、幸せを体験するのである。

かつて我々は、自らの外に神を追い求めてきた。だが、地球が次元上昇しつつある今、我々は、一人一人の心の中に神が内在していることを、心して知るべき時に来ているのである。

天に還りし魂は、人類に目覚めを促しつづけている

天国とは、死後に行く所ではなく、我々一人一人の心の中に今現在も存在している。人は今生の人生において、その真理を理解せねばならない。

本来、死というものはない。今までに、死んだことのある人など、一人としていない。いかなる人も、決して死んではない。みな永遠に生きつづけているのである。

我々が死と呼んでいるものは、個性を持つ魂が肉体という不自由な衣を脱ぎ捨て、自由自在身となり、光り輝く神の世界へと飛翔することなのである。

ゆえに、死とは、決して悲しむことでも憂うことでもない。かつまた、恐怖し、忌み嫌い、拒否すべきことでもない。宇宙神（光）との一体化を果たさんがための、待ちに待った祝福すべき儀式、セレモニーであり、喜んで受容すべきことなのである。

それゆえ、この世に残された人も、天に還る人への愛着や執着を断ち切り、感謝と誇りをもって見送るべきなのである。息絶えた肉体は、魂の脱け殻に他ならない。死と別離とは、根本的に異なるのである。

天と地は、分かれているように見えても、決して分かれてはいない。真実、地上を離脱した魂は、常に天より我々を見守ってくれているのである。今生に誕生せしいかなる人にも、この世における人生の目的がある。それを見事果たせるよう、天から光を送ってくれているのである。

本来、天と地は、バラバラに孤立して存在しているものではない。互いに影響し合っているのである。天に還りし人と地に残りし人は、波動によってつながっている。お互いに愛し合い、育み合い、慈しみ合いながら、天と地の働きが調和するような環境を、ともに創造していっているのである。

地上に真の世界平和を創り上げるということが、全人類とすべての魂に共通する使命である。天に還りし魂も、一点の曇りもなく燦然ときらめく神を顕現するという天命を担っている。そして、地上にいる人々が見るもの、感ずるもの、触れるものを通して、進化創造のプロセスを共有しているのである。

天に還りし魂は、地上の人々の体験や思考、喜怒哀楽などの感情想念を通して、すべてを把握し、地上にさらに強力なる光、真理の波動を放ちつづけている。

それと同時に、いつの日かまた、地上に輪廻転生する際に備えて、地上の人の経験を通してデータを収集しつづけている。それは、自らの次元上昇のためでもあるが、地上と交流することにより、人類がより早く真理に目覚めることを促しているのも事実である。天に還りし魂は、人類の目覚めと自らの再転生に備えた学びを同時に行なっているのである。

彼らも、かつて肉体を持って地上で生活していた時は、自らが思考し、体験せしことのすべてに善い、悪い、正しい、間違いという善悪の価値判断を下していた。自分の目の前に繰り広げられるあらゆる現象、状況、環境に対して、一つ一つ評価し、批判し、批難していた。

だが、神界に還ると実際には善いものも、悪いものも、正しいものも、間違っているものも、罪なるものもなく、それらの一切が存在しないということを知るに至ったのである。自分の目の前に現われる一切の出来事は、純粋に消えてゆく姿そのものであって、それに対して善し悪しなどの判断や批判を加えるべきではない、ということを、心して学んだのである。

消えてゆく姿に善悪をつけることが人間の不幸の始まり

地上に生きる人々はみな、一定の価値基準をもとに、自分にも人にも評価を下しながら生きている。だがしかし、そのすべて一切が消えてゆく姿なのである。その消えてゆく現象に善し悪し、正誤などの判断を下すこと自体が間違っているのである。

我々が価値判断を下すことにより、それらの現象は純粋に消えてゆくことが出来なくなってしまう。それればかりか、判断された瞬間から、その通りのものでありつづけるのである。

いかなる消えてゆく姿も、純粋に過去の因縁が現われ、そして消えてゆこうとしているのである。にもかかわらず、人は必ずと言っていいほど、それらの現象に、善悪の評価を与えてしまう。本来ならば、それらは過去の因縁の消えてゆく姿であるから、それが消えれば、自らの心は解放されるはずなのである。しかし、解放されるどころか、逆に善悪のレッテルを貼りつづけ、自らをさらなる苦悩や悲しみ、不幸に陥れてしまうのである。

地上の人々は、実に間違った思い込み、誤った習慣に把われてしまっているのである。

その人自身の決めつけにより、エネルギーの流れは停滞し、抑圧される。そればかりか、その抑圧されたエネルギーは、誤った想念、思い込み、慣習の結果を現実に降ろしつづけているのである。

だが天に還りし魂は、そうした地上での間違った観念のあり方に気づけるようになる。そのため、地上にいる人々が、もうこれ以上同じ過ちを繰り返さないよう、真理を送りつづけているのである。それが「我即神也」「人類即神也」の究極なる真理である。

「人間は本来、神である。神そのものである。無限なる愛、光、叡智、能力、生命に満たされているのである。本来完璧なように創られているのである。完璧そのものである。一つの欠けたるものなく、一つの余分なものもなく、全く完璧に大調和された神そのものである……」と。

だがしかし、地においては自分の完璧性を認める人はいない。自分を完璧なる人とみなす人もいない。自分は完璧とは全くかけ離れた、欲望深い、罪深い、汚れた未完成な存在と思い込んでいるのである。

このように、自分自身のことを完璧以下と思い込んでいる人たちは、神と断絶された状態で生きているということである。神と自分とは一体ではなく、全く切り離された存在であると見なしてしまっているのである。

人類一人一人は出来る限り早く、このような偏見、思い込みから脱け出さなくてはならない。さもなくば、一生幸せにはなれない。幸せになる鍵を手にすることは出来ない（無限なる可能性！）。

幸せになる鍵は、まさしく「我即神也」の真理を知ること以外にないのである。

二元対立の意識が人を競争意識に駆り立てる

人類は今こそ、真理を逸脱した習慣から脱け出さなくてはならない。自分を含め、すべて一切のものにいかなる価値評価も与えず、誰もがもっと自分のよい面を認め、自分を愛し、赦し、いとおしむ必要がある。真実の素晴らしい自分を発見するためには、自らの思い込み、偏見、誤った思考から一刻も早く心を解き放つことである。

そのためには、もっともっと自分を自由にしてあげることである。自らが自らを自由自在に解放してあげると、自分がいかに真理に反する思い込みや決めつけに把われていたかに気づくのである。

思い込みや偏見、決めつけの原因は、二元対立の意識である。人は、いつも無意識のうちに、自分と他者との比較を行なっている。その最たるものが、「勝者、敗者」の競争意識である。スポーツやゲームの類《たぐい》ならともかく、精神面においてさえも、自分は誰それに勝った、負けた、かなわない、劣る、あの人には負けられない、勝たなければ……。このような感情が働いてしまう。このような時、よくよく自分の思考に注意を払わねばならない。二元対立の意識は、常に自らを他者との競争に駆り立てる。

人生とは決して競争ではない。魂の学びである。今生の生は、より崇高に、より気高く、より愛深く、より輝かしく、より聖なる人として生きるための、学びの場なのである。

自らを二元対立に陥れた途端、心の自由性は失われる。自らの自由性が奪われた時、そこに生ずるのは、自らの勝手な価値観がもたらした「勝者、敗者」の意識なのである。

仮に、勝者に成り得たとしても、敗者に成り下がったとしても、いずれにせよ、自らの心は乱される。

勝てば勝ったで、次も負けられなくなる。勝ちを維持しつづけてゆくための、新たなる心の葛藤が生まれる。

敗者となると、その葛藤はもっと激しくなり、諸々《もろもろ》の悩みをつくり出してゆく。否定的感情が次から次へと湧き出し、相手を批難したり、憎んだり、嫉妬したり、さらには過去を悔やんだり、未来を恐れたり、世間の評価に心を悩ませたり、人の思惑を気にしたり、何一つとして自分の心に良いことはない。

対立は、お互いの心の中に、次々と大きな苦悩や不安や心配事を生み出し、植えつけてゆく。勝負《かちまけ》、聖邪、善悪……これらの観念は、人類が勝手につくり出したものである。人は、長きにわたり誤った思考、習慣を繰り返した挙げ句、真実以外のことを信じたり、思い込んだりするのが常識となってしまったのである。

だがしかし、人は本来、誰からも束縛されはしないし、裁かれもしない。すべてのものから自由自在なのである。宇宙神の無条件なる愛に包まれ、生かされているのである。

人は自分自身に何一つの規制も設けなければ、無限なる可能性に包まれ、無尽蔵の豊かさをたたえて生きられるものである。だが、人はそれを意識する、しないにかかわらず、結局は自らの人生を思う通りにつくり上げているのである。自らの思考に基づいた自らの経験をつくり出し、人生を創造していっているのである。故に、自分の思い込みや偏見による思考からは、間違っても幸せで豊かで、平安な人生がつくられることはないのである（無限なる光明！）。

我々は、不幸が存在する、困難が存在する、病気が存在する、戦争や闘争が存在する、貧困や飢餓が存在すると常に思い込んでいる。それは当然の理《ことわり》であり、全く明らかなことであると心の底から思い込み、信じているのである。そして、それらを強く信じ込むことにより、その信ずるものに自らの力を注ぎ、エネルギーを与えつづけるのである。その結果、自分自身が念じた通りの不幸や困難、病気や貧困を経験するにふさわしい、さまざまな状況や環境をつくり出し、その念じたことを確実に経験してゆくのである。

自らが信ずるものは、何であれ現実となる。それが否定的信念であろうと肯定的信念であろうと、全く同じである。ゆえに、自分がそのどちらを信じ、何を体験するよう計画するかによって、人生は決まってゆくのである。

信じる力は、物事を必ず成就させる

人間には、あらゆるものを創造するパワーが実際にある。備わっているのである。この力は特別に自分のみに与えられたものではなく、世界人類誰にも平等に与えられている能力である。

人は誰しも、種々さまざまなる信念を持って生きている。それによって、種々さまざまなることを経験し、人生を豊かにも貧しくもしていっているのである。

だが、それは、人はみな自らの創造力を使って、自らの人生をいかようにもつくり変えてゆくことが出来る、ということでもある。

従って、自分の人生を振り返ってみれば、自分がどのような信念を持って生きてきたかが判るというものである。

例えば不幸の連続、苦悩の連続、悲しみの連続、また挫折や裏切り、孤独な体験などは、いかに自分が自分の可能性や能力を否定しつづけてきたかを物語っている。それはまた、自分がいかに自分のポジティブ性を信じられず、常にネガティブ性を信じてきたかの結果である。

人は、そのようなマイナスの思考、感情想念から一刻も早く脱け出すよう、努力しなくてはならない。そのためには、真理を求める以外にないのである。

だが、真理そのもの、神そのもの、叡智そのものを否定こそしないが、積極的に求めてこなかった人にとって、それはなかなか難しい。

そういう人は、真理の書を繙《ひもと》くことである。そして少しずつ、自らの否定的信念を改め、自らに内在せる無限なる叡智、能力、直観、神性に気づいていただきたいと切に願う。かつまた、自らに内在する無限なる創造力は、不眠不休で働きつづけ、自らが信ずる通りの状況や環境、そして物をつくり出していることに、心して気づいていただきたい。

信ずる力は、必ず何事をも成就させる力を持っている。とすると、自分がいかなる信念をもって生きているかが決定的なものになってくるのである。自己否定、自己不信ほど、不幸な人生を引きつけるものはない。

人は常に自らの神性を信じ、内なる神の導きに従って生きるべきである。自らを「我即神也」と信ずる人は、必ず自らの人生の上に無限なる幸せ、成功、繁栄、健康、歓喜を顕現してゆく。

なぜならば、神とは無限なる愛、叡智、生命、パワー、光、成功、繁栄そのものであるからである。神の世界には、貧困も病も、闘争も不完全なるものもない。すべて完璧であり、大調和そのものである。

従って、人類はみな自分が何を信ずるかにより、その平等に与えられている創造力によって、信じた通りのものをつくり出してゆく。人生とは、善くも悪くも、その能力をいかに駆使して、自らの人生を創造してゆくかなのである。

思い込みや偏見から導き出される信念は、無限なるものと全くかけ離れているため、無限なる平和や幸せとはほど遠い、暗く陰湿な無明の人生を築き上げてゆく。そうすれば、否応なくその道を生きてゆかねばならなくなるのである。

反対に、「我即神也」から導き出される絶対なる信念は、無限なる叡智であるため、その無限の創造力により、人間の能力の限界をも超えた、奇跡と称されるほどのことでさえも、いとも簡単に顕現させてしまうのである。

自らの信念が今生にて現実となり、形となって現われてくるということが、よくよくお判りいただけたかと思う。いかなる人にも神聖なる、無限なるパワーが与えられているという、その事実を知るべきなのである。

そして人は、その自らに内在せし、神聖なる、無限なるパワーを駆使して、自分の信ずるがままに、自由自在に形に現わしてゆけるのである。まさに人は、自らの人生の創造者なのである。

人は目の前に現われる現象に一切の責任を持たねばならない

だがしかし、それは自らの創造したものに一切の責任を持たねばならない、ということでもある。自分の前にいかなる現象が現われようとも、そのすべて一切を創り上げているのは、自分自身である。自分自身以外にないというのが事実である。

要するに、現実は自分の信念により導き出し、現わされているものであり、それが対立の状況であれ、対立を超えている状況であれ、それらの創造者は自分であるから、自分は決して犠牲者でもなければ、被害者でもないということである。

人は常に、自分が信じた通りのことを創造しておきながら、失敗や不幸や災難が降りかかると、そのすべてを人のせいにし、自らは被害者や犠牲者となりたがるのである。だが、それは断じて間違っている。自らがすべての出来事、そして状況、環境、運命、人生の創造者なのである。それがいかに絶望的な状況にあろうとも……。それを決して忘れてはならないのである。

すべてのことは、自らが解釈し、信じたことそのものである。一つ一つの現象は自らが、目的をもって創造した結果なのである。

自らに神聖にして無限なるパワーが内在していることを信ずる人は、その信ずることに自らの力を注ぎ、支え、維持しているのであるから、自分が信じた通りの輝かしい人生を展開してゆく。

彼らは、いかなる出来事や状況、環境、運命の犠牲者でも被害者でもない。彼らは自らが自らの運命の創造者であるということを知っているのである。

人間はいついかなる時も、善悪、貧富、幸・不幸、勝者・敗者、加害者・被害者、光明・無明、繁栄・衰退、健康・病気などという二元対立を超えて生きてゆかねばならない。自分が二元対立を信ずることにより、対立が生じるからである。自らの信念が対立を生み出してゆくのである。

これから、人類が信じてゆくべきものは、対立そのものではなく、対立のない神そのものである。すべての一体性、完璧性、大調和、大光明のあり方……無限なる光、能力、叡智、可能性、パワーを絶対的に信じてゆくべきなのである。そして、それら光明思想にのみ自らのエネルギー、力を注ぎ、支え、維持しつづけてゆくことこそが、輝かしい人生を創造するための秘訣である。

どのような出来事が引き起こされようと、すべては自分の責任である。決して他のせいではない。かつまた、自分と関連する人々により引き起こされた種々さまざまなる現象さえも、究極的には自分の出来事として処理しなければならないのである。

人は誰でも、自分の人生の最後の瞬間までも自分の信念を見事に貫き通すことが出来るのであるし、それこそが尊いことなのである。

肉体に限りない感謝を捧げ、死を迎えよう

そして、今生におけるしめくくりとして、自らの衣を脱ぎ捨て、神界へと飛翔してゆく

際、自らの肉体に心ゆくまで感謝すべきである。自らの魂とともに生きてきた肉体に!! 魂の要求や命令に決して逆らわず黙々と従ってきた肉体に!! 時には傷つき、痛み、時にはともに喜び、楽しみ、人生を共有してきた肉体に!!

自らが自らの体を去る時、限りない愛を込めて、慈しみを込めて、感謝を込めて「有難う」と言ってあげたい。それが礼儀というものであろう。長年住みつづけた肉体を地上に残し、魂は神界に向かって飛翔してゆくのである。

今生にて生きるためには、肉体は絶対に必要欠くべからざる器であり、衣である。自らの人生の計画を地上にて次々と果たしてゆくためにも、肉体という物質に大変お世話になるのである。肉体という物質は、魂の意識レベルによって、いかようにも変化変滅してゆく。

肉体自身には、意識も感覚もない。それが証拠には、死体そのものは感覚も感情もない。ただの物質である。魂の脱け殻そのものである。

そもそも肉体に病気を与えたり、それを定着させたり、進行させたりするのは意識である。肉体はただ、意識の赴くままに、それに従うだけである。肉体は何一つの文句も言わず、よくも忍耐強く付きあってくれるものである。自分がこの肉体を去る時、せめて万感の愛と感謝を込めて「有難う」と言ってあげたいものである。

自分という意識は不滅である。永遠に生きつづけるのである。だが、肉体は魂が去った時、大地に還る。

人々はよく勘違いをする。自分の意志にかかわらず、身体が勝手にそうしたのだと……。しかし、肉体自身が好んで病気になったり、ガンになったりするわけではない。その人の意識そのものが病気の状況に陥るのである。肉体はあくまで、その意識に従っているだけなのである。従って、意識が病気の状態から脱け出せば、肉体も自然に元の肉体に戻るのである。このように、意識と肉体は表裏一体なのである。

末期ガンに冒され、医者から余命数ヵ月と宣告されても、その人の意識が断じてそれを信じなければ、肉体もその人の意識に従って、すぐに滅びることはない。

だが、その人が後数ヵ月の生命ということを絶対的に信じ、その数ヵ月の生命にすべてを託してしまうなら、そして残りの生命エネルギーを肉体の消滅ということに注ぐなら、肉体はその意識に従い、せっせとガン細胞を増やしつづけてゆくのである。そして、数ヵ月後には、その通りにほとんどすべての細胞をガン化してしまうのである。

このように、肉体そのものに意志はない。ただ、肉体を支配している意識の命令に従うのみである。

自由なる意識をもって、自分の周りのすべてを光明化させてゆく

人は何を信じて生きてゆくか、それは人類一人一人の自由である。しかし、人生を輝かしく生きるためには、何よりも真理を知らなくてはならない。

真理を知らずして、輝かしい人生を創造してゆくことは難しい（無限なる光明！）。神人と称される人々の第一条件は、究極の真理を知っているということである。究極の真理を知っていれば、何を信じて生きるべきかが自ずと理解できるからである。

しかし、「我即神也」を百パーセント、絶対的に信じている人もかなりいるが、中には、それを信じようとしても、自然には信じられない、という人もいる。だが、それでも信じようと努力し、そこにエネルギーを注いでいる。それこそが尊い生き方なのである。

なぜならば、自らの意識が光明なる生き方に集中するからである。意識が光明であれば、

肉体はそれに比例して、その意識に従って、せっせと肉体を光明化し、調和させ、進化創造させてゆく。その結果、病気の状態に陥ることはなくなるのである。

そのことは、他ならぬその人自身が誰よりも実感しているはずである。神人になる以前と以後の自分の肉体のあり方は、驚くほどの差があるのである。

究極的に、人は何を信ずるかによって、運命が大きく左右され、二分される。神か罪人か、光明か無明か、大調和か不調和か、完璧か未完成か、可能か不可能か……。何を信ずるかについて自らの自由意志が与えられているのである。

宇宙神は人類すべての人に自由という素晴らしい能力を与えてくださった。この自由というものを人類一人一人は大いに駆使し、何を信ずるかを探求し、決定してゆく。

あなたは何を信じて生きるのか。無明、不調和、不完全、不自由、束縛、無能力、不可能……を信じて生きるのか、あるいは、光明、大調和、完璧、完成、繁栄、自由、無限なる能力、無限なる可能性……を信じて生きるのか。

人類一人一人に与えられし自由意志、これこそ神からの最大の贈り物である。神人はこの自由意志を最大限に生かし、すべてを大光明、完璧なるものへと自らのエネルギーを注いでゆく。その自由なる意識に従って、肉体はもちろんのこと、すべて一切のものがそれに追従してゆく。すべてが完璧に整えられてゆく。崇高にして聖なる気高い意識は、自らの周りに存在する多くの人々の心を次々と光明化してゆく。

そして神人は、死が近づいた時、自らの最後の選択の自由を駆使し、自らの肉体を去る時期を決定するのである。そして、自らの肉体に大いに感謝しつつ、肉体を離れることを告げるのである。

人間は誰でも、本来自分で自分の肉体を去る時期を自由に選択できるのである。本来は、すべて自らの自由意志に任されている。人は誕生も、人生の創造も、死さえもすべて、自分で決めてゆけるのである。それは、もともと誰もが知らずして無意識に行なっていることである。この行為を、神人は意識的に行なうのである。

かつて人々が信じていたことは、自らの誕生も人生も死も、自分で決定することではないということであった。だが、今は過去の時代より、もっともっと高い真理が降ろされつづけているのである。究極の真理こそが二十一世紀の生き方を導いてゆくバイブルとなるのである。

人類一人一人は、他の誰からも束縛されてはいない。みな自由なのである。束縛を感じている人は、自らが自らを束縛しているにすぎないのである。自らが自らに課している束縛を解いてあげれば、即自由となるのである。

人類一人一人が何を信じ、何を選択し、何を決定してゆくかは、人類一人一人の自由選択である。六十数億人、六十数億通りの生き方が存在するということである。

その中で神人としての生き方こそ、究極の人生を歩んでいる生き方といえよう。

——終わりなき絶望からあなたを解放する者は、神でも他の誰でもない、あなた自身である。あなた以外にあなたを解放できる者は誰もいない。

第三章

Jump

本当の自由へと飛翔する

真実の自分

自分とは一体誰なのか

自分って何？　私って誰？　突然こう問いかけられた時、人はとっさに何と答えるのだろうか。

誰もが人生の中で一度か二度は、この問いを口にする。自分って何？　私って誰？

だが、それは他人についてではなく、他ならぬこの自分自身についてなのだ。そして、この自分自身とは、他の誰でもない、この私自身のことなのだ。

この漠然と判ったような、判らないような自分。本当の自分、真実の自分、偽りのない自分。

その問いに対する一般的な答えを見出すために、人はまず、表面的な自分を見るだろう。国籍、性、職業、地位、性格、容貌、年齢、そして精神的・身体的能力など……。だが、果たしてこれが本当の自分の姿と言えるのであろうか。本当に自分に対する正しい答えなのであろうか。

世界六十数億人の中に、自分という人間はたった一人しか存在しないという、かけがえのない事実。それほどに尊い存在、貴重なる存在である自分というものを、人はどれくらい判っているのであろうか。自分でもよく判らないというのが正直な答えであろう。

自分らしくなりたいと思う自分。だが、成績が良い悪い、容貌が良い悪い、スポーツ能力の有無、性格が明るい暗い、IQが高い低い、要領が良い悪い……これらを一つ一つあげてみても、このような性質や能力は、自分だけではなく、誰もが多かれ少なかれ持っているものである。特に自分だけのものではない。

だが、それは遺伝子の組み合わせのように、一人一人みな違っているのである。その組み合わせには一人一人、独自のものがある。その無限に近い組み合わせの中の、たった一つの現われこそが、人類六十数億人の中の「自分」という存在そのものなのである。

これこそかけがえのない無二の存在といえるのである。

では、人々はこの世の中でたった一人の存在である自分というものを、果たして真実に理解できているのであろうか。そして、この自分自身を本当に愛しているのだろうか。誇りに思っているのだろうか。

いや、一人一人はそんなことを判ってはいない。人々は常に真実の自分というものを知らない。消えてゆく姿の自分、激しい感情想念に把われている自分、過去の失敗や体験に今もなお引きずられている自分、怒りや嫉妬、不平や不満に押し流され、翻弄されてしまう自分、何をやらせても完全に仕事をやりこなせない自分、自らの欲望を断つことの出来ない自分、自分の価値を問い、自分が誰かを探ろうとするも、結果、常に至らない自分を思い知らされて自己否定、自己抑制、自己拒否をしてしまう自分……これが自分なのであろうか。本当の自分と言えるのか。自分は一体誰なのか。自分というのは……。

パスカル曰く「自分というもの、その存在こそ厭《いと》わしい」と。そう、あなたもそう思うのであろうか。

自分の中で自分のイメージをつくり上げ、それに自分を似せてゆく。こうしてつくり上げた自分のイメージと自分とが一致してゆく……。自分は誰なのか、なかなかはっきりと自分で見出すことは出来ない。自分ではっきりとこういうものだと言い表わせない。

そこで、自分に対してもっと端的に、分かりやすく問い直す。自分は一体何になりたいのか。あの人のように、地位や名誉や権力のある人になりたいのか。あるいはあの人のように、人類に生命を捧げた立派な人になりたいのか……。

それでは、自分は自分自身ではなく、他の誰かになろうとしているのであろうか。自分という人間は、自分自身の内なる真なるものを限りなく顕現させてゆこうとしているのではなく、自分以外の何かになろうとしているのか。とすると、誰かになるということは、別の自分になること（他の真似をすること）であって、真の自分ではなくなるのであろうか。

いや、それでも心の奥には、自分というものが厳然と存在しつづけているのである。ただ表面意識が幼い子どものように、「大きくなったら、パイロットになりたい」「百獣の王、ライオンのようになりたい」と言っているのと同じである。誰もが真の自分自身を判ってはいない。

“作られた虚像”を脱ぎ捨てる

読者の皆様方におかれては、自分は果たして何？　私って誰？　と自分で自分に問うた時、本来の自分、真実の自分はもうすでに心の中で頷き、毅然と答えを見出しておられるに違いない。

もちろんその答えはただ一つ「我即神也」「人類即神也」そのものである。その通りである。

そこに至るまでには、やはり何度も何度も自問自答を繰り返し、迷ったり疑ったりしたに違いないのである。だが、時が経つにつれ、また真理の書を何度も何度も、繰り返し繰り返し読み返すにつれ、少しずつ真理を理解し、納得し、魂にまでひびき渡らせていったのである。

そしてついに真の自分自身についての直観が閃いたのである。

これは思考や理論、理屈で分かるのではなく、あくまでも自らの直観力＝純粋な気づ
きによって、真実の自分に至るのである。思考が働く時には、必ず知識の幻影が付きまとうからである。

本来の自分は、普遍で、完璧で、自由な存在そのものなのである。そして、無執着で、無欲で、愛そのもの、平安そして光そのものなのである。

だが、一般の人々は、常識や知識の幻影に付きまとわれ、真の自分自身が判らないのである。かつまた自分というものを、他者の目を通して、他者から自分自身のことについて聞かされることによって初めて、「自分というものはこういうものである」と、自らが自己像を形づくって納得しているのである。

自分を見る他者の目は、どれもこれも決して正しくはない。自分を語る他者の言葉もまた、どれもこれも決して正しくはない。自分の心を知る他者の観察力も、一部分は言い当てているかもしれないが、全体の断片にすぎず、決して正しくはない。なぜならば、この他者の目、他者の言葉、他者の観察もまた、彼ら自身のフィルターにかけて投げかけられたものだからである。

普通一般の人々は、自分は誰？　と問われた時、自分が一体誰か、みな自分自身について不確かなのである。なぜならば、赤ちゃんの時から今日に至るまで、自分の身に投げかけられてきた、両親をはじめ多くの他者の言葉、他者の観察を通して、自分というものを知るに至っているからである。それらのものをかき集め、あるものは捨て、あるものは取り入れ、編集し、構成し、それによってつくり上げられた自分を、本当の自分自身だと思い込んでいるからである。

だが、両親をはじめ他者の言葉、他者の観察も、多くの矛盾する声によって成り立っているのである。ある人には美しいと言われたり、ある人にはまああと言われたり、ある人には魔女のようと言われたりする。その不特定多数の全く根拠のない言葉が自分に投げかけられるたび、心乱され、翻弄され、真実が判らなくなるのである。

母親からは「頭がよい」と言われ、学校の先生からは「何でこんなことも分からないの、本当に頭が悪いのね」と言われ、友人や知人からは「君は本当に間抜けだね」と言われる。その他者の言葉一つ一つが違ったメッセージを自分に突きつけてくるのである。

だが、どれもこれも真実ではない。真実の自分を言い当てているわけではない。

子どもの時から毎日毎日、自分に投げかけられてきた両親や他者の無責任な言葉、無差別の言葉、無意識の言葉、ほんのわずかなポジティブな言葉……。これらの相反する意見が自分の中で入り混じり、溜まってゆく。自分はこの矛盾する意見の蓄積物を、幼い時から自分だと信じ生きてきたのである。

そのため、自分に対する人の言葉や振る舞いに、いつもビクビクし、怖れつつ生きてきた。常に不安に駆られ、全くもって自分に自信がない。そして、これ以上みなに悪く思われたらどうしよう、馬鹿だと思われたらどうしよう、役立たずと思われたらどうしよう……と、他人の目を怖れ、他人の態度にビクビクし、他人の思惑をいつも意識して生活しているのである。

自分自身というものが真実判っていない、哀れな人間である。他人の声に従って自分自身の実在を形づくって生きている、偽物の自分である。

本当の自分が判らないため、他人の言葉や振る舞いが自分にとって最も正しく重要なものと思い込み、その結果、他人の言葉に翻弄され、真の自分自身を見失ってしまったのである。そして、自分が誰かということさえも判らなくなってしまったのである。

これはあなただけではない。人はみな他人の言葉を一つ一つ収集しながら、自分自身の像をつくり上げていっているのである。そのため、自分が自分自身のことを善き人、愛深き人、素晴らしき人と肯定できずにいるのである。そして自らがよく思われたいがため、偽善者と化してしまうのである。自分の顔を仮面で覆い隠し、見せかけの外見を装ってしまうのである。

だが、それは自分にとって、最善であろうとする努力ではなく、最善を装う努力でしかなく、何とも情けない生き方である。人をして「人生とは常に不幸にして苦悩多きいばらの道である」などと言わしむる原因は、ここにあるのである。

人間は本来、他人からも自分からも、全く自由なのである。自由でなければならないのである。誰からも一切束縛されることなく生ききることこそが、人生の至福である。

錯覚から目を覚ます時が来た

自分に今起こっていることは、自分が今まで思ってきたことである。自分の無知なる思いが、今の自分の人生を創っているのである。自分自身を知らず、自分が誰かを知らないで生きている、その無知こそが、今の不幸の最大の原因である。

今まで自分が信じてきたものは、他人の投影にすぎないのである。それは思い込みであり、錯覚である。そして人類もまた、自分たちそれぞれの思い込みと錯覚の中に生きている。他者からの投影による思い込みでこの世界は成り立っている。人類は、社会はみな、このような思い込みの共有の場をつくり上げているのである。そして、この思い込みの磁場は年々、より固く、より強く、より堅固なるものとなり、今や人類を支配しきっているのである。

二十一世紀に至って、人類一人一人は、自分たちがつくり上げてきた強固な思い込みによるネガティブな磁場を消し去り、全く新しい真理の磁場を構築してゆかなければならない。そうしなければ、怨念の連鎖、戦争の連鎖、貧困の連鎖、民族・人種対立の連鎖、環境破壊の連鎖によって、人類は滅びるに至る。

今こそ人類一人一人はみな、究極の真理に心を傾けなければならないのである。自らの人生をよくするには、他の何者かに頼り、依存してはならないのである。自分自身の内なる真理を見出し、発掘することしかないのである。

それを自分自身で探求するのである。自らが自らを導き、自らの光となることこそ尊いのである。人は誰でも、生まれながらにして真理＝純粋な意識を持ち得ているのである。

今まで自分だと信じていた自分は、本来の自分ではないのである。
今こそ人類は、自らの直観力＝純粋な気づき、目覚めによって、自らの本体を知らなければならない。人類一人一人は、暗黒の中の突然の閃きのように、次々と真理に目覚めてゆく。二十一世紀、人類の次元上昇とともに新たな生命が躍動し、輝かしい未来、新鮮な喜びに包まれてゆく。

人類一人一人は、自らに目覚めはじめる。あたかも眠りから覚めたかのように、人類一人一人は堰《せき》を切るが如く自らの眠りを自らが突き破ってゆく。そこに曙光《しょこう》が射し、夜明けが急速に近づいてくる。

すでに目覚める用意のある、十万人の神人予備群たちがその瞬間を待っている。彼らは小さな真理の一片からでも目覚めうる。

もはや大上段に究極の真理のすべてを説き明かしたり、大声で祈ったり、大袈裟に印を組んだりする必要は全くないのである。全人類の時は熟している。

ついに無明が光明と化す

かつて自分が自分であると思い込んでいたのは、全くの見せかけの自分であって、本来の自分はそんなものではないのである。かつての自分はすべてのことに怖れおののき、常に自信がなく、自己否定に駆られていた。真実の自分が全く判らず、苦悩に充ちていた。すべてのことがネガティブなほうへと導かれ、不平不満の対象であった。

だが、自らをネガティブなほうへと導いたのは、自分以外の誰でもないことに気づくのである。ついに無明が光明と化す。かつての自分は無明であったが、目覚めた自分は光明そのものである。みな生まれ変わる。みな光明を得る。自らの神性を知るに至る。もう何も怖れるものはない。何も欠けたるものはない。そして何も束縛するものさえない。光明の中にすべてが存在する。神性そのものの中に闇はない。

無明の中の自分、かつての自分は、他者の言葉によりつくり出された贋《にせ》の自分を自分だと信じていた。そして、偽善的な自分自身に不信感を抱き、自分を呪い、憎み、傷つけ、嫌い、自らの心は羞恥心に満ちあふれていた。だがそれすらも、他の誰でもない、自分が自分を導いていたのだ。

すべては自らの無知より発していたのだということに、一人一人は目覚めるのである。究極の真理を知らずに、今日まで生きつづけてきてしまった自分。だからこそ不幸、苦悩の連続で、そんな自らを哀れむ以外に生きる術がなかったのだ。道に迷い、自らの行き先も判らず、あてもなくさまよい、来る日も来る日も無意識に生きるのみで、周りに流されつづけていたのだ。

だが、これからは全く違う。自分の求めるすべての目的地は、自らの内側にあることを知る。

次々と引き起こされる目覚めの連鎖

過去は未来への大いなる礎である。そして各人の目覚めにより、人類一人一人は過去の重荷を背負うことなく輝かしい人類の未来を引きつけてゆく。地球上に写し出してゆく。描き出してゆく。創造してゆく。

戦争も貧困も病も争いもない世界、差別や対立のない世界。人類一人一人が、自らの人生を光で創造してゆくのだ。

人類一人一人の意識は光そのものである。人類一人一人の過去の記憶もみな光に包まれ、融けてゆく。光、愛、慈しみ、赦し……そのすべてを分かち合い、労り合い、励まし合い、称え合い、褒め合うのだ。

光、光、光、光ですべてのものを生み出してゆく。人類はみな他者の光の面のみを見る。影の面は一切消える。自らが影を見なければ、その影は存在できないのである。人類が他者の影の存在に意識を集中しなければ、光のみがさらに強烈に膨れ上がる。

人類は光で共生し、光で呼吸し、光で祈り、光で印を組む。生きとし生けるものすべてが光で構成される。赤児も幼児も青年も若者も壮年も老年も、すべては光で覆われている。

自然体の素晴らしさ

人はなぜ「他の力」に依存してしまうのか

宗教に依存し、人に依存し、物質に依存し、そして今や、武器や核兵器に依存しつづけている人類。こうした人類の「他の力」に依存する生き方は、誤っている。

なぜ人は、「他の力」に依存してしまうのか。それは、自らの中に無限なる宝庫が存在していることに全く気づいていないからである。

自らの内に無限なる能力、無限なる可能性が眠っているなどとは到底信じられず、自分は弱き者、何も出来ない者……と思い込んでいる。人類はみな、間違った固定観念に把われ、本来の力を発揮する術《すべ》を見失ったまま、漠然と生きているのである。

だが、これからの人類は、こうした他への依存心を、自らの意志で限りなく取り除き、自らに内在せる究極の力を呼び戻さなくてはならない。自らの意志の力をもって、人生の上に究極の力を現わすよう、専念しなければならないのである。

なぜ人は、外なるものに心を奪われるのか。なぜ人は、自分自身を見つめようとはしないのか。なぜ人は、自分そのものを信じられないのか。なぜ人は、自らに限界を設けるようになったのか。なぜ人は、物事をいとも簡単に諦めてしまうのか。なぜ人は、自分自身を支配できず、他人に支配されてしまうのか。なぜ人は、自分自身を尊敬できないのか。なぜ人は、過去に執着し、把われてしまうのか。なぜ人は、未来に向かって生きようとしないのか……。

こうした心のあり方に終止符を打たぬ以上、人はいつまで経っても神に依存し、他人に依存し、物質に依存しつづけることであろう。いや、そうしなければ生きてゆけなくなっているのである。

なぜならば、「他の力」に頼ろうとする心がある限り、自分一人では、何事も為し得ないからである。自分一人では、何も責任が取れないからである。

こうした人々は、頭の中でひたすら、ああではなかった、こうではなかった……と言い訳を繰り返し、自らの尊い生命エネルギーを「後悔」という否定的想念に変換しつづけている。常に過去の過ちを見つめ、未来志向の生き方に集中できずにいるのである。

彼らは、生きる目的がはっきりとは判らず、ただ漠然と毎日を過ごしているのである。いつものようにその時、その場で思い浮かぶ、幾つもの願望や欲望に心を引きずられているのである。

しかも、それらの願望や欲望に対して、何らの対策も立てようとはせず、何か打開策を試みようとも思い立たず、いつも何かをする前から、「無理だ」「ダメだ」と、諦めてしまう。

これでは、何をしても当然無理な話である。「自分には不可能だ」と自らの心の扉を固く閉ざしている限り、いつまで経っても状況が変わることはない。すべてを可能にする生命エネルギーが正しい方向に用いられず、分散してしまうからである。

では、自らの生命エネルギーを正しい方向に用いるには、一体どうしたらよいのか。それは、「そのことのためになら、他のことすべてを捨ててもよい！」と思えるような、強い目的を持つことが必要なのである。

目的を見出せぬまま、いや見つけられないまま人生を終えることは、人間にとって、実に勿体ないことなのである。何でもそうであるが、一つのことに焦点を絞り込み、その一点、一方向に意識を集中し、注意を注いだならば、そこには必ず物理的変化が生じるものなのである。

意識を一点に集中し、何かを強く望むことにより、自らの意識エネルギーと宇宙エネルギーとが一体化し、普段の自分の力ではとうてい考えられないような、及びもつかないような常識を超えた力が突如、湧き出してくる。そして、それまで不可能と思っていたことも、可能に転じてゆくのである。

自分を信じて信じて信じきる

これは偏《ひとえ》に、自分自身を信じることから始まる。自分自身を信じるとは、すなわち〝自分は運命に翻弄されるものではなく、自らの運命を支配し、創造してゆくものである〟ということを信じることである。

この原点を信じられずして、どうして自らの一生を思い通りに、欲するように導いてゆくことが出来ようか。

「いつかは自分にも、運（チャンス）が巡ってくる」などと漠然と思っているうちは、何も新しいものを生み出すことは出来ないのである。そういった人々は、日々自分に与えられたお決まりの仕事を、文句を言いながら、不平不満を募らせながら、ただ漫然とこなすだけのマンネリ化した毎日を過ごしているに違いないのである。

運（チャンス）は待っていても、決して訪れはしない。運とは、偶然他方からやってくるものでは決してない。自らがはっきりとした意識をもって、この手に摑んでゆくものなのである。

そのためにも、〝人は運命に翻弄されるものではなく、自らの運命を支配し、創造してゆくものである〟と強く信じることである。その信念こそが、人間にとって必要なものなのである。

一心に信じて信じて信じきって、たとえマイナスの現象が生じようとも、決して疑ったり躊躇したりせず、あくまでも自らを信じる――その信念を貫いて生きることこそが、自らの欲するものを手にする秘訣である。

つまり、欲するものを手にするか否かは、自らの信の力に比例しているのである。諦めさえしなければ、その信念を貫き通すプロセスにおいて「これは出来る」と思える瞬間が必ず来る。この「出来る」と思えた瞬間、まさに運命の扉は開きはじめるのである。

自分の心に確かな目的がなければ、自分の運命を思うように、欲するように導いてゆくことなど、誰にも出来ないのである。

自分の心の中に、何でもよい、何か一つ目的があるというだけでも、巷の諦めきった、マンネリ化した人生を歩む人々に比べ、遥かに幸せだということに気づかなければならない。

もう一つ大切なことは、自分自身に対して限界をつくらないことである。いかなる状況にあろうとも、自らの無限なる能力、無限なる可能性を信じ、その信念を貫き通すことである。

たとえ周りの人々からバカみたいと思われ、無理だと罵倒《ばとう》されようが、不可能だと蔑《さげす》まれようが、決して揺るがず、怯《ひる》まず、自らの目的を達成しようとする強い意志を持ちつづけることが肝要である。

自らの運命を支配するには、自らを信じる以外にないのである。それは、家族や他人には全く関係のない、誰も与り知《あずか》らぬことである。

だが、多くの場合、人は家族の反対や他人の批判、振る舞いに左右され、引きずられてしまう。惰性に流されやすく、反論すらままならないのである。

それでいて、「この世の中は、自分のやりたいようにはやれない仕組みになっている」とか、「どんなに自分がそれを欲しようとも、反対や批判をする人が必ず一人か二人いて、自分の思いを一途に貫き通すことは出来ないのだ」とか、「自分の願望を成就させるには、余りにも環境が調っていない」などと弁解しつつ、物事に取り組む前から諦めてしまうのである。

これでは、何事も達成することは出来ないのである。

たとえ自分を取り巻く環境が調っていなくとも、決して出来ないことはないのである。どんなことでもやる気さえあれば、それをやろうとする熱意さえあれば、何事も為し得るのである。

自らの運命を創造し、支配するために

そしてまた、自分の置かれている環境は、他人ではなく、あくまでも自分がつくり出したものである、ということにも気づかなければならない。

健康も病気も、幸せも不幸も、成功も失敗も、あらゆる現象の原因は、すべて自分自身の内なる心にある。その内なる心が外なる現象をつくり出しているのだという絶対的真理を知らなければならないのである。

繰り返すが、自分を取り巻くものはあくまでも、自らの内なる世界の反映である。そして、その内なる世界をつくり出しているのが、日頃の感情想念である。その感情想念によってつくり出された内なる世界が基となり、外なる現象面がつくり出されてゆくのである。ゆえに、自分を取り巻くいかなる環境も、すべては自分の内なる心にその根本原因があるのである。

内なる心が「我即神也」という究極の真理に目覚めさえすれば、自分を取り巻く環境や現象も、自ずと善なる状況、素晴らしき状況、幸せなる状況、成功、繁栄、調和、健康な

る状況へと創造されてゆく。なぜならば、「我即神也」＝無限なる愛、無限なる平和、無限なる幸せ、無限なる繁栄、無限なる調和そのものだからである。これは絶対である。

だがしかし、多くの人の場合、そうはゆかない。自らの内なる世界を築き上げているものが、自らの誤った想念であるため、知らぬ間に運命に翻弄され、運命に支配されてしまうのである。

人は自分自身を知らずして、真理を知らずして生きつづけることは出来ない。たとえいかなる努力や忍耐をしようとも、かつまた人の何十倍、何百倍も働こうとも、自分自身を、そして真理を知らずに過ごすならば、いつの日か、運命に翻弄されてしまうのである。

なぜならば、すべての原点である想念エネルギーが、誤った方向、間違った生き方に注がれてしまうからである。これでは運命に支配されても致し方がない。

このように、究極の真理に出会わない人たちは、相も変わらず神に依存し、人に依存し、物質に依存し、他の力に依存しつづけているのである。これでは、真に自分の人生を生きているとは言い難い。

人間は、〝自らの運命は自らが創造し、築き上げてゆくものである〟という真理を知った時、初めて自らの運命の支配者となるのである。人生の本道に行き着くのである。

そのためにも、自らに内在せる無限なる能力の宝庫を永遠に眠らせたまま、放置しておいてはならないのである。

いかなる人であれ、「もう遅い」などということは決してない。今からでも充分に間に合う。だからこそ、進んで自らを変容させてゆくべきなのである。自らを新しい宇宙の法則へと導き入れてゆくべきなのである。

一般大衆におもねることはない。世間に流され、無意識に強いられてきた思考と行動に、ここでキッパリと終止符を打つのである。そして改めて、真理の道へと突き進むのがよいのである。

ここで言う真理の道とは、世に言われている盲目的な、服従的な道のことではない。全く本人の自由そのものの道である。すべてが自由自在に、無限に光り輝いた道である。

その道は、「光に住して光に把われず。真理に住して真理にも把われない」という真理の本道そのものであり、究極的には「我即神也」にも把われることのない、最高の境地なのである。

次元上昇の潮流

二十一世紀、人類の意識は新たなる次元上昇を遂げようとしている。そして、その次元上昇の波にすでに乗っているのが、神人および神人候補者たちなのである。

彼らは、次元上昇の波に乗り、世界全体を平和なる世界へと変容させつづけている。それにより、戦争も防ぎ止められてゆくのである。

やがて、核や軍隊は必要なくなるであろう。そして、科学も変わってゆく。かつてのように、一握りの欲望深き権力者が科学を乱用することはなくなり、代わりに人類の進化創造のために、その科学の力は発揮されてゆく。

そうなると、人類一人一人の意識は、地球を存続させ、環境を維持させるための方向へと導かれてゆく。人類全体の意識の上昇とともに、テロ行為も消失してゆく。病気や苦悩さえも、人類一人一人の次元上昇した意識により、操作され、なくなってしまう。そんな新しい世界の始まりが、もうすぐそこに、見え隠れしているのである。

「信じなければ」という思いからの解放

私は、人々に真理を強要することを決して望んではいない。一人一人が真理を体験してくれることを切に望んでいるのである。どんなに小さくてもよい、小さな小さな体験を繰り返すことによって、ついには究極の真理を信じるところにまで行き着くことを……。

何も体験していない人は、とかく疑いが激しい。信じようとする以前に、疑いの念が強く働いてしまう。しかし、それは無理もないことである。自分では信じられないことを懸命に信じようとしても、その努力は報いられずに、却って疑いを生じせしめるからである。

いや、心から信じられないからこそ、「信じよう、信じなければ」と、自分自身に強いてしまうのである。その想いはやがて、信じなければ神に罰せられる。病気になる。不幸になる。ますます苦しみ悩むことになる。ゆえに真理を信じよう、信じなければ……という強迫観念になり、ますます自分自身を苦しめてゆくのである。だが、このような考え方は、全くもって間違っている。

人間は、自分が心から信じられないことは、いかなる努力や精進をしたところで、根本的に無理なのである。それは、未だそのレベルに達していないからである。ゆえに、自分が本当に信じられないことを、自らに信じるよう強要することは、エネルギーの無駄である。時間の無駄、労力の無駄である。

ましてや、信じたくても信じられない自分を責めつづけることは、ナンセンスである。自分の意に逆らって、なおも強く信じることを自分に強要しつづけると、しまいには自己否定、自己処罰、自己破壊という最悪の状況を招いてしまうからである。

自分は神や善、真理を信じられない。ああ、何て悪い人間なのだろう。自分は神より見放された人間である。悪である……。このような否定的想念の悪循環を辿ることは止めなければならない。

自然体に、シンプルに

まず人間として一番大事なことは、あくまでも自然体でありつづけることである。秀《すぐ》れた人の模倣をするのではなく、権威ある人に付き従うのでもなく、全くの自分自身のままでいればよいのである。

自然体でありつづけること。これが肝心なのである。

人はみな他と差があって当然、他と違いがあって当然なのである。自らの個性をそのままに、自分自身でありつづけることである。

決して他との比較によって、自分の位置を決めてはならない。「人には出来ても、自分には出来ない」「ダメだ」「無理だ」というマイナスの領域に自分を位置づけることは、間違っている。

自分自身の長所を一つでもよいから見つけ、それを伸ばしてゆけばよいのである。そうすることにより、知らないうちに自信が付きはじめ、人生を楽しく生きることが出来るようになるのである。

人類はみな、自らを解放させるべきなのである。自分自身を束縛しつづけているのは、決して他ではなく、自分自身であることを心より知るべきなのである。

そのためには、自らの心にはびこっている所有欲や独占欲、虚栄心や競争心を捨て去ることである。もっと自らの心を楽にしてあげるのである。

いかなることにおいても、シンプルが一番よいのである。自分自身がシンプルでいられれること。言葉を換えて言うならば、簡素でありつづけること。それは、自らの心と肉体を自由に解き放つ唯一の方法である。それにより、自分の心や肉体の重荷がなくなるのである。

自分を飾るものは、自分にとって不必要なものである。余分なものを抱え込んだ分だけ、人は苦しむのである。自らを束縛し、重荷を課してしまうのである。

すべては自分の心次第である。自分の心が何を欲しているのか、それは何のために、なぜ必要なのか……。それを改めて、正直に自分自身に問うことが大事なのである。

すると多くの人たちは、自分の意識が金、権力、地位、名誉といった物質権威思考に傾いていたことに気づくはずである。

より多くの物質や権威を所有することによって、自分が人より権力があるという錯覚を引き起こすのである。人は権力にしがみつくことによって、人をコントロールでき、より自由に、幸せになれると思い込んでいるのである。

だが、それらのすべてが間違っているのである。心の中に余分な思考や感情がなく、自分の心を自由に、思うがまま、あるがままに解き放つことの出来る人こそが、真の幸せ、平和、自由を手にする人たちである。

金、権力、物質、名誉に執着している人たちは、決まって不安や恐れを抱いている。心は一時《いっとき》たりとも自由ではない。平安ではない。幸せでもない。常に何かに脅えて生きているのである。

なぜならば、自分が手に入れた金や権威を失うことが、何よりも恐いのである。不安なのである。それらに執着し、物質の奴隷と化してしまっているのである。

何と愚かしきことか。何と浅ましいことか。誰にも真理の何たるかが判っていない。判らないからこそ、恐れるのである。迷うのである。疑うのである。

神と自分との間に何ものも介入させてはならない

人間にとって一番重要なことは、自己責任を取れるようになることである。しかし、だからと言って、自分や人を真理の天秤にかけ、条件づけることは誤っている。

なぜならば、真理の体験とはあくまでも、自分自身と神との関係の中で果たされてゆくものだからである。

真理とは、人を介するものではない。物質を介するものでもない。ましてや、聖者や賢者を介するものでもない。

それは、あくまでも自分自身と神との問題である。自分自身の心と神との関係である。自分の心は真我であり、神は至高の存在なのである。

そうした自分と神の関係は、永遠に変わらない。決して分離することはなく、常に一つである。

神は天のどこかに存在するのではなく、自らの内に、厳然と存在しつづけているのである。「神＝我」であり、すなわち「我即神也」そのものなのである。

二十一世紀の宗教においては、自分と神との間に何ものも介入するものはない。何一つの障壁もない。かつまた、自分と神との間に聖者や賢者が割って入ることすらない。自分自身と自分自身の神との関係のみで真理の探求が行なわれてゆく時代に入ってゆくのである。

二十一世紀は、あくまでも個々がそれぞれに、自らの神を体験してゆく時代である。自分と神との間で行なわれる真理の探求は、人に言われたからではなく、聖者や賢者が説かれたからでもなく、あくまでも自分自身によって、自発的に行なってゆくものである。

今までの宗教は、争いを生み出し、人類を条件づけてきた。だが、二十一世紀の宗教は、リーダーも教会も説教も必要ないのである。個々に内在する無限なる宝庫より突き上げてくる真理そのものの光が、自らを導いてゆくのである。

そこに一切の対立はないのである。自分と神との間は勿論のこと、自分と他者においての対立もまた、皆無である。すべて一切のものとの対立は生じない。なぜならば、究極の真理そのものが、「人類即神也」そのものだからである。

すべての存在の中に神を見る

我々は、人類一人一人の中に神を見て取るのである。現象面に現われている表面的なプロセスの部分を見、そこに対立を見出し、お互いに障壁を作ってはならないのである。真理を歪め、自らに誤った真理を植えつけてはならないし、他人をも決して誤って導いてはならないのである。

究極の真理「我即神也」とは、まず第一に、自らの内なる神を知ることであり、そこに何ら一切の対立はなく、執着も欲望もないということを知ることである。そして、次のステップとして、自らの上に、神そのものを実現してゆくことにあるのである。

ということは、自分にも他の人にも、一切の犠牲も闘争も混乱も招くことなく、神そのものに至るプロセスを経て、愛、赦し、真《まこと》を表現し、無限なる進化創造を体験してゆくのである。

自らの内に神そのものを見出し、神を体現してゆくことこそが、人類一人一人の天命である。そして他の人の中にも神を見ることこそが、究極の真理の神髄である。ゆえに、他と争う時、他を憎む時、他を傷つける時、あなたは神と争い、神を憎み、神を傷つけたことになるのである。それは、ひいては自らの神そのものをも冒瀆《ぼうとく》したことになるのである。

我々は、決して現象面の悲喜こもごもに把われてはならない。執着してもならない。現象面は、あくまでも人類一人一人が限りなく神そのものを顕し、神へと進化創造してゆくためのプロセスである。その現象面に引っかかり、批判や非難、憎しみ、闘争を仕掛けることは、神そのものを批判し、非難し、憎んでいることになるのである。

神はすべてのすべての中に存在している。自分の内のみに存在しているわけではないのである。

自らの想念からの解放

生きる＝何ものからも自由になること

人間の幸不幸を決めるのは、運命や宿命ではない。宗教や政治や経済でもない。富や権力や名誉でもない。人間一人一人の心の奥に内在している価値観である。従って、幸せを願うならば、物質に価値を認めるのではなく、あくまでも精神に価値を置くことである。誰の中にも無限なる叡智、直観力、能力そのものが備わっているのである。それらの宝を磨き高め上げることによって、自らを崇高なものへと導き、高め上げてゆくことである。

現在、予言・占いブームであるが、あれは一時の人類の迷いの消えてゆく姿である。自らの運命、人生は、自他二元論から見出せるものではない。決して他にすがる対象を求めず、あくまでも自分自身で導き、成り立たせてゆくべき道である。いかなる時も、他の手に救いを求めたり、懇願するものではなく、自らの中に崇高な神意識「我即神也」を見出し、自らが自らを導き、解決をもたらしてゆく。これが崇高な生き方である。

従って、人類が、低次元意識の宗教家や予言者、そして占いなどに巻き込まれないためには、それぞれが自立しなければならない。自分の運命、自分の人生の変換を他に求めても、決して善運に変わるわけがない。

人類一人一人に、常に自らの小さな自我意識に執着せず、縛られず、常に自らの自我意識の殻を破り捨てるほどの高い意識が求められるのである。この世に存在する生きとし生けるすべて一切のものは、お互いが共存し、調和しつつも必ず自立して生きているのである。北海の凍てつく厳しい大海原の砂浜に、いかなる過酷な自然条件にも打ちひしがれることなく、凛として咲く可憐な小さな花の生命の逞しさは、いかばかりであろうか。常に驚かされるのである。太陽が当たらなくとも、強風に吹き飛ばされそうになろうとも、水がなくとも、決して他にすがることはない。自らの運命を他に任せて翻弄されることなく、毅然と生ききるのである。

だが、人間は果たしていかに？　残念ながら、大自然に生きる生物のように逞しくはない。いつまで経っても自立できず、依然として神の救いや他者の助けを求め、頼みにして生きているのである。いつまでも神や他者から与えられる救いや助けや愛の行為を期待して生きることに甘んじているのである。これでは永遠に自立は出来ない。人間は常に、自分の内なる世界を見ようとはせず、外なる世界を眺めては、外にあるものへ依存しつづけて生きているのである。それではいつまで経っても自らの不安や恐怖、自己否定や思い込みから自由にはなれないのである。

生きるとは、生老病死への不安恐怖から自由になることである。真理への迷いや疑いから自由になることである。神や他への依存から自由になることである。世間の常識、情報、知識から自由になることである。そして自らがつくり出す悲しみや苦しみ、痛みから自由になることである。

さらに、内なる世界の光の世界、神の世界、無限なる世界へと意識を向けてゆくことである。内なる世界に自らの意識が向けられたならば、自らの内奥に厳然と存在する神意識「我即神也」へと目覚めてゆくことである。そしてついに、神我一体の境地へと自らが自らを極めてゆくのである。

生きるとはこういうことである。未だに外なる神や他に依存している人は、真に生きる道を歩んではいない。では、いかにして神我一体への境地へ自らを導いてゆかれるのか。

それは祈りである。言霊である。印である。神意識の呼吸である。

真の祈り——宇宙神への回帰

真の祈りはすべての宗教、宗派の違いを超えて、大いなる無私の愛を、利他の愛を、崇高なる愛を放つという絶大なる働きを為す。真の祈りは自他のすべてを超えて、究極の真理へと自らが自らを導いてゆく。

真の祈りとは、自己の内にある無限なる愛の輝きであり、無限なる幸せ、無限なる能力、可能性への開花である。真の祈りとは、自らが属する宗教の祈りこそが唯一であると誇るものではなく、他宗教の祈りを蔑視するものでもない。かつまた真の祈りとは、自分の宗教の祈りを決して他に強要するものではなく、自らが属する宗教の存続のために行なうものでもない。真の祈りとは、他宗教のすべての祈りを抱擁し、共に宇宙神の透明な祈りへと高め合ってゆくものである。そして真の祈りとは、自己の欲望や願望成就のために行なうものではないことは、衆知の通りである。

生きとし生けるもの、すべて一切のものは、大自然（宇宙神）に生かされるまま、大自然と調和し、共存し、一体となって生きている。生きることそのものが祈りである。ゆえに、人間のように特別な祈りを必要としない。だが、人間はその宇宙神との分離により神意識を失ってしまい、宇宙神への回帰を自らの内なる本心が願うがあまり、自ずと祈りが必要になったのである。

祈りとは、宗教者が大衆のために行なうものではない。救いのために祈るものでもない。かつまた、祈りとは、強者が、権力者が、富者が、宗教家が、弱者のために祈るものでもない。祈りは、全人類に必要欠くべからざるものである。いかなる宗教・宗派に属さずとも、また、規定された祈りを祈らずとも、人間一人一人の内奥より溢れ出る独自の祈りでよいのである。真に生きるとは、真の祈りを生涯祈りつづけることである。祈りのない生活に真の生はない。真の幸せはない。真の健康はない。真の歓喜はない。真の自由はない。日々の祈りを通して、真の祈りを祈りつづけてこそ、永遠の輝かしい「生」を生ききることが出来るのである。人類は、いかなる宗教・宗派に属さなくとも、自らの神聖なる生を完うできるための祈りを忘れてはならない。人類は、宗教を捨てても、宗教がなくなっても、祈りを捨ててはならないのである。

祈りとは、天と自分とを唯一結びつける大生命エネルギーとの交流である。自らが宇宙神との回帰を願う、唯一純粋なる道である。毎日の多忙極まる日常生活において、人類一人一人は祈りを忘れがちである。祈りの心を忘れてしまっているのである。

真の祈りは、言葉で祈ることではない。心で祈るのである。それは魂からの、自分が生かされていることへの感謝の祈りそのものである。そして、真の祈りとは、真に世界平和を希求するものであり、世界人類の幸せを願うものである。

世界平和を実現させるのは、究極の真の祈り以外にない。宗教家によるいかなる崇高な会議も祈りの心が欠けているならば、意味を為さない。世界人類に真の祈りの必要性、真の祈りの力を信じるよう訴えかけてゆくことこそが、宗教家の眼目であろう。祈り抜きの会議は必要ない。宗教家が行なわなくても、各国の政治家や経済学者……に任せればよい。人類一人一人は、たとえ宗教が異なっていても、人間としてお互いが愛し合い、助け合い、赦し合い、補い合い、認め合い、励まし合い、受容し合いながら生きてゆくものである。その行為こそが尊いのである。

だが、なかなかそのような行為が出来ないからこそ、そこに祈りが必要となってくるのである。言葉や行為によって人を非難し、傷つけ、憎しみや怒りを直に投げかけても、問題は何も解決はしない。ますます悪化してゆくのみである。

しかし、その言葉や行為の代わりに祈りを行なったならば、言う側も言われる側も、お互いの否定的感情が解きほぐされてゆくのである。お互いの心の中に、刃《やいば》のような鋭い言葉が後々までも残らない。後々まで引きずらなければ、苦しまないで済むのである。

真の祈りとは、何と偉大なる力であろうか。祈り以外に人類の平和、調和、幸福はあり得ない。そして、祈りは、人類一人一人がいかなる悲しみや苦しみ、そしていかなる絶望的状況にあろうとも、それらの不幸を自らの祈りそのもので跳ね返し、光に変えることが出来るのである。祈りは人を傷つけず、痛めず、殺さず、かつまた、自分をも傷つけず、痛めつけず、殺さないのである。祈りこそ自分も他も差別なく、すべてを限りなく高い次元へと引き上げ高めてくれる人間の最高の行為である。真の祈りのない宗教には、背き背かれるという対立が生じる。真の祈りを祈れる宗教には、対立は何も起こらない。対立心のない心からは、愛のみが、平安のみが、調和した世界のみが生じる。

想いの束縛を解く呼吸法

本来、この世におけるすべての現象は、宗教が起こすのではない。宗教によって生み出されるのでもない。人類一人一人の心、自分自身の心そのものがつくり出しているのである。それらの現象と宗教とは無関係である。要するに、心に何も生じなければ、差別もないし、善悪もない。かつまた、自分の心が何事にも動かされなければ、対象も対立も消え去ってゆく。すべての物事や対象は、自らの心が存在するために具象化されてゆくのである。

心が対象を摑まえた時、そこに二元対立が起こる。心が対象を捨てた時、対立も対象も消え去ってしまう。

その自らの心を自由自在にコントロールできないからこそ、祈りがあるのである。祈りが対象を消し去ってくれるのである。自分は悟りたい。立派になりたい。人を心から愛したい。心から赦したい。すべてから自由になりたいなどと、心がその想いの対象に強く執着すると、悟りという概念にさえ把われてしまうのである。その善念なる想いのすべてさえも、自らの心から放てば、自然とすべての執着から解放される。

それがたとえ善であれ、悟りの道であれ、愛であれ、自らの想いを働かせれば、究極の真理は遠ざかってゆく。離れてゆく。道を失ってしまう。想いを放てば、想いを捨てれば、想いから自由になれば、究極の真理のほうから自分の魂に飛び込んでくる。心が輝きを放ち、すべて一切のものは消え去ってしまう。我々は崇高な目的を求めるがために、自分自身を縛ってしまう。我々は限りなく神の姿を、自らを肉体に顕現させたいと望むあまりに、その目的に把われてしまうのである。

では、どうすればよいのか。そのために呼吸法が存在するのである。深い深い深遠なる呼吸を通して、崇高な真理を求める想いも、宇宙神の大光明エネルギーによって昇華されてゆく。本来、あるがままの「我即神也」の境地へと高まってゆく。いたずらに小智才覚を働かせずとも、深遠なる呼吸法に乗って悠々自適に神の姿が顕現されてゆく。潜在意識に溜っていた真理に対する疑いや迷い、無知、そして神に対する偏見も光に溶けてゆく。

すべてが消えてゆく。自らの心に生ずるすべての二元対立は、自己中心の分別から生じているこどが素直に理解されてゆく。何事においても自らの心に分別が生じなければ、即、自らの神との一体化が顕現されてくる。この現象界に写し出されている人類一人一人の千差万別の姿、状況のすべてを平等に見、受容できれば、真理の人そのものとなる。究極の境地に達する。

この世の中には、二元対立などない。人類一人一人の個性が生み出し、織りなす千差万別の世界観、現象界があるのみである。人類一人一人の心の中にのみ、二元対立が存在するのだ。対立が存在するところに闘争、紛争、差別、迫害、貧困、殺戮が生ずるのだ。人類一人一人の心の中から自己中心的な心、分別、対立の心が消え去れば、たちまち闘争、紛争、差別、迫害、殺戮、貧困は消え去ってゆく。人類一人一人の心の中に分別や対立の心が生じなければ、自己も他もない。自他一体観の境地に至る。

心が引いた神と自分の境界線

人類はみな一人残らず「人類即神也」なのだ。分別や分離、対立の境界線などどこにもないのだ。境界線を引くのは人類一人一人の心だけだ。その境界線さえ、人によっては違ってくる。

真理はすべての時空を超えて存在している。二元性が存在するのは、人が境界線を引くからだ。その境界線こそ、真実ではない。境界線を引くことこそ、すべての対立の原因である。本来、国も人種も民族も宗教も、そして境界線なども存在しない。みな一なるものである。すべては無限なるものだ。境界線を引いて有限なるものにする必要はない。

神と人間との間に何一つの境界線も存在しない。神と人間との間に境界線を引いたのは、もともとは宗教家だ。善と悪の境界線も本来ない。光と闇の境界線も本来ない。すべては一つだ。すべてはつながっている。結ばれている。限りなく神に近いか、限りなく神から離れているかの違いで、そこには厳然とした境界線などない。境界線を境にはっきりと、これは善、これは悪などと誰が決め得るか。何をもってして善なのか、悪なのか。人類一人一人の意識レベルによって自己中心的な分別、分離、対立を生じさせているのだ。

本来、時間も空間もない。

過去も現在も未来もない。

光も闇もない。

生も死もない。

苦も歓もない。

信も疑いもない。

幸も不幸もない。

可能も不可能もない。

それらが生じるのは、人類一人一人の意識レベルによって、自ら境界線を引いてしまうからだ。

人が不幸と思える状況にあっても、自分が真に幸福と思っている人にとっては、その境界線の基準が違ってくるのだ。本来、常識の境界線など不必要なものだ。把われの源である。人々の心からこの境界線を取り除けば、どんなに自由に生きられることか。神と自分との境界線を引いているのは人ではない。自分自身なのだ。

「我即神也」——神人は何と至高の境地に達しているのか。神人は、神と自分との間に一切の境界線を引いていない。ゆえに、限りなく神の姿を顕現してゆけるのだ。

呼吸法の偉力

固定観念からの脱却

現在、神人および神人予備群たちは、全身から光り輝く「我即神也―成就―人類即神也」の周波数の高い波動を世に送り出し、宇宙空間のあちこちに、共磁場(注13)を創造しつづけている。しかも、この新しく創られし共磁場は、直接、宇宙神と一つに結ばれている。宇宙神の無限なる光、パワー、叡智、能力が、この共磁場を直接満たしているのである。

これからの人類は、呼吸法による印や、呼吸法(注14)を伴った「我即神也―成就―人類即神也」の唱名を行なうことによって、これらの共磁場に、個々人が共鳴し、反応し、究極の真理を自覚することになる。そして、神人の道を歩みはじめてゆくのである。

呼吸法による印と唱名は、自らの人生を切り開いてゆくのに最高の道である。それらは自らを画期的に変えてゆく。

まず第一に、自らの神聖さに気づいてゆく。それも決して観念的にではなく、自らが真理に目覚める段階に従って、それは自然に起こってくる。そして、我々を制限しているものは、唯一、自分自身の固定観念であることを、はっきりと知らされるのである。

だがしかし、究極の真理「我即神也」を教え導かれながらも、自らが神そのものであるとは、また自らの神性そのものを信じきることは、なかなか出来ないのである。それは過去からの固定観念によって、自らに強い自制心を働かせてしまっているからである。

人類みな誰も、素晴らしい自己生存機能を備えた、完璧な肉体を授けられているにもかかわらず、自らが自らの神性を打ち消してしまっているのである。

我々の思考は感情を生み出し、その感情の乱れが病気や不幸といった、人生のさまざまな困難をつくり出しているのである。このネガティブな思考こそが元凶である。人類はみな、自らの内なる神聖さを打ち消してしまっているのである。そして、自らの固定観念がつくり出したプログラムや信念体系によって、自らの人生の設計図を脚色・演出しているのである。

日々瞬々、人類一人一人が発している波動の周波数は、自らが日頃発する言語、思考、行為と直接関係している。そして、波動を常に送り出していれば、それは必ず自らのもとへ送り返されてくるのである。

要するに、自らの思考こそが無から有を物質化させてゆくということを、我々ははっきり自覚しなければならない。そして、自らが発する波動をコントロールできれば、自分の運命もコントロールできるということを、学ばなければならないのである。

そのためには、絶対なる真理に導かれることこそが大切なのである。その究極なるものが、「我即神也」「人類即神也」そのものである。

これは、自分と宇宙は全く一つにつながっているということである。あたかも一滴の雨の雫が大海に融合してゆくように、宇宙神の光の一筋である自己は、宇宙神に融合してゆく。

その時、その瞬間、個々の過去はすべて消滅するのである。国も人種も民族も、宗教も、肌の色も、国籍も、すべては消え失せる。過去のすべてが消滅し尽くされる。

個という枠組みから自らを解放し、そして得るものは、内なる光そのものである。人類はみな、個人という枠組みから自らを解放してこそ、真の自由を獲得できるのである。

呼吸法により、体内毒素を排出する

呼吸法による印とは、宇宙の生命力、気、パワーを吸収し、それらを直接、自らの肉体を構成している細胞の中に取り入れることで、調和した肉体を維持してゆくものである。さらには呼吸を通して、アカシック・レコード(注15)に記録されている多くの情報や個々の暗号を把握し、自らの叡智により、今生における自らの天命を完うせしめてゆくのである。

本来、我々の肉体は意識しなくても、自然に呼吸をしつづけている。その呼吸の真のあり方を体得できれば、苦悩も病気も老化もなくなるのである。

それを我々が自覚することにより、「気」(宇宙子)(注16)は自然に自らの生命を維持してくれ、かつまた、病気も癒してくれるのである。

我々は呼吸法により、宇宙根源の力を引き寄せ、宇宙生命力を使いこなしてゆくのである。この「気」(宇宙子)が生命を活かす鍵なのである。

これからの人類一人一人には、他に依存せず、甘えず、頼らず、自らの内なる能力を開発してゆくことこそが求められるのである。そして、自らの内なる光、内なる力、内なる叡智、内なる再生力、内なる直観力、内なる治癒力に目覚めてゆくのである。

人類一人一人が内なる無限なる能力に気づいた時、自らの肉体を構成している一つ一つの細胞の働きは活発化する。今まで眠っていた細胞が、より強くその力を発揮してゆくのである。

呼吸法の印により、自分と宇宙神とが強く結ばれてゆく。そして大気中の宇宙生命エネルギーを深く吸い込むことによって、それらは細胞一つ一つに深く浸透しつづけ、今まで体内にいっぱい蓄積されていた毒素や疲労素、その他の化学物質などが体外に排出されてゆく。

このようにして、一つ一つの細胞があらゆる毒素から解放されればされるほど、より多くの新鮮なる宇宙生命エネルギーが体内に取り込まれ、細胞は光り輝く。その結果、病気になったり老化する可能性は、遠のいてゆく。

この細胞一つ一つに蓄積されつづけている毒素や疲労素、そしてあらゆる種類の人工化学物質（食物に含まれている人工的な着色剤、防腐剤、ホルモン剤など）は、薬や治療ではなかなか除去しにくいものである。それらが多くの細胞に蓄積されているからこそ、頑固な病気を引き起こすのである。

それらを体外に排出する一番の方法が、深い深い呼吸なのである。一般的にも、普通の呼吸より深呼吸のほうが健康によいとされているのは、ここに理由がある。

だが、我々の呼吸法による印は、単なる深呼吸や呼吸法とは全く異なるのである。この特別な印を組むことにより、生命エネルギーの取り入れ方が異なってくるのである。

そのためにも、印を組む前に瞑想し、心の中で宇宙に宣言する。その自らの印により、宇宙神と全く一つにつながることが、最も重要なことなのである。

宇宙の無限なる生命エネルギーそのものを、自らの体内に直接、しかも十分に取り入れるためには、宇宙に宣言する気持ちが必要なのである。

自らの意識を宇宙神と一体となることに集中させ、限りなくたくさんの光、たくさんの生命エネルギー、たくさんのパワーを体内に吸い込むことが大切なのである。それによって、我々の体内の一つ一つの細胞が発しつづける波動エネルギーは高められ、その振動数は増加し、眠っていた細胞の能力が高められてゆく。

この内なる力によって、ほとんどの病気は、他に依存することなく治癒されてゆく。また、病気の種類によっては、医者や手術、薬などに頼らざるを得ない場合もあるが、その時でさえ、この究極の呼吸法の印を組みつづけることによって、普通の人の回復力と比べて数倍以上のめざましい自然治療力を発揮してゆくのである。

我々は古代より続いている大自然の叡智、内なる叡智を自らの意識が遮断してしまっているのである。

だがこれからは、呼吸法の印を通して、病気だけではなく、あらゆる困難を自らの目覚ましい能力を発揮させて、解決してゆくのである。

自らの神性を認めさえすれば

人類はみな一人残らず、自らの進化創造を果たしてゆかねばならないのである。進化創造こそが、人類一人一人に与えられているミッションである。

今までの人類は、病気、不幸、トラブルを創造してきた。自らの意識の力を使い、マイナスの分身をこぞって創造してきた。だが、これからは違う。二十一世紀に至った今、人類が皆こぞって真理を知ることにより、輝かしい進化創造を成し遂げてゆくのである。そのためには、古い固定観念や古い宗教に把われず、自らを自由自在に解放することが先決である。

自らを制限するものは唯一、自分自身の固定観念であることを知らねばならない。そして、人類に最も必要なことは、自らの無限なる能力や自らの神聖さ、つまり自分は光り輝くまばゆい存在であることを認めることだと気づかなければならない。

そんな自らの神聖さへの目覚めの段階に従って、病気や不幸や困難は癒されてゆく。自らの思考こそが自らを変容させてゆくキー（鍵）である。自分以外にいかなるものもない。自分が変わる以外にいかなる解決法もない。自分自身の神聖さに気づき、目覚める以外に真の救われはない。真の進化創造はない。

自らの思考こそがすべての原因であることに、一刻も早く気づいてほしい。自らの神聖さを信じられず、病気を恐れ、病気に把われるならば、その思考そのものが、現実に病気を持続させてゆくのである。不幸も困難も、すべて同じ原理である。

自らの尊厳性に早く気づいてほしい。気づきが早ければ早いほど、苦しみから早く救われてゆく。苦しみを、悲しみを、痛みを取り除いてくれるのは、他では決してない。他の導き、他の働きかけ、他の助け、他の励まし、他の教えはあっても、最終的に自分を真に救い出してくれるのは、他の力ではない。自らの力以外にない。そのことに、人類は気づく時に至ったのだ。

「我即神也」「人類即神也」の時代が来たのだ。神の姿を自らの上に創造してゆくことこそが、人類一人一人に定められている天命なのだ。

呼吸は祈りそのもの

人間の生命は、呼吸が止まったら死ぬ。呼吸こそが自らの生命を存続させている究極なるものなのである。だが、そのことに真に気づいている者は少ない。みな、無意識に呼吸をし、無意識に生きてしまっている。この呼吸の深い意味を自覚している人は少ない。

呼吸とは、単に物理的な空気を吸って吐いているだけのものではない。呼吸は本来、宇宙神と自らの肉体をつなぐ生命の絆である。宇宙神と自らの肉体をつなぐ生命の祈りである。

呼吸とは即ち、祈りである。人類はみな、知らずに祈っているのである。祈りと気づかず、祈りつづけているのである。この祈りを通して、天と強く結ばれているのである。

だが、その深い真理、祈りを忘れての呼吸は、全生とは言えない。半生である。

祈りを忘れてしまっての呼吸だからこそ、人類は本道を歩めないのである。自らが本道を逸脱し、自らが不幸への道を創造していっているのである。

この本来の呼吸法、祈りに気づいた者から順に、病気や不幸、あらゆる悩みや困難から解放されてゆく。

なぜならば、呼吸＝祈りそのものが、宇宙神と自分自身を一つに結びつけ、自らの神聖さを目覚めさせ、その本来の無限なる能力を発揮せしめてゆくからである。

二十一世紀の人類は、あらゆる宗教・宗派、哲学、常識を超えて、自らの呼吸に目覚めてゆくのである。

呼吸は本来、深い祈りの道であると同時に、自らのトータルな宗教である。自らの呼吸そのものは、本来、深い生命の祈りである。自らが自らの真の祈りの呼吸に導かれてゆけば、すべての苦悩や束縛から解き放たれてゆくのである。

人類はみな、自らの究極の呼吸法により、真の自由自在なる輝かしい人生を進化創造させてゆくことが出来るのである。

呼吸法は、一人一人にとっての「宗教」

呼吸法を通して、あらゆるものを生み出してゆく。

呼吸法を通して、あらゆる叡智を授かってゆく。

呼吸法を通して、あらゆる苦悩や困難が解き放たれてゆく。

呼吸法を通して、直観力に目覚めてゆく。

呼吸法を通して、あらゆる能力が湧き出てくる。

呼吸法を通して、不可能を可能とする力がみなぎってくる。

呼吸法を通して、自らの誤った生き方、固定観念が覆され、天の生き方に変容してゆく。

呼吸法を通して、無限なる治癒力が発揮されてゆく。

呼吸法を通して、自らの心に平安を取り戻し、真の幸せを手にする。

呼吸法を通して、自らが自らの宗教を編み出してゆくのである。

もはや、かつての宗教にすがる必要はなくなる。

もはや、かつての宗教に依存し、懇願する必要はなくなる。

もはや、かつての宗教に自らの権能の力を奪われる必要はなくなる。

もはや、かつての宗教に隷属する必要はなくなる。

もはや、かつての宗教に振りまわされることはない。

もはや、かつての宗教に抑圧されることはない。

もはや、かつての宗教に従う必要はない。

あらゆる危機に直面したり、あらゆる困難や難題に見舞われたり、毎日が不安と恐怖で明日への生きる望みが断たれようとも、かつての自分のように、恐れることは何もない。

逃げる必要も、避ける必要も、退く必要もない。かつまた、何ものにも頼る必要もない。

ただただ諦めず、臆病にならず、躊躇せず、その瞬間、そのままじっと踏みとどまって、時の流れを観ていればよい。ただ、じっと内なる無限なる力が、自らの魂の底からむくむくと立ち上がるまで、眺めているだけでよいのである。

焦ったり、恐れたり、怯《ひる》んだり、気弱になったり、諦めたりすることなど一切ない。すべては、過去世から現在に至る誤てる想念の「消えてゆく姿」であるという真理を思い出しさえすればよい。

頭の中で、あれこれ余計なことを考えたり、否定的想念と戦ったりせずに、ただじっと黙って、今ある心の状態を、自然の流れに任せていればよい。自分がすることは、深く静かなる呼吸法の印のみである。

そして、今心の中にわだかまっているあらゆる心配事、悩み事、苦しみ、不吉なことなどの種《たね》は、未だ結果が確定しているわけではないということを、はっきり自分に言い聞かせればよいのである。言明すればよいのである。

すべては未だプロセスなのである。ゆえに、結果はいかようにも、自分の信念で創造してゆけるのである。

だがしかし、一番陥りやすい盲点は、自分の長い間の否定的習慣や否定的想いによって、悪い結果を導きやすいということである。

不安や不吉な状況を余りにも恐れ、心配するあまりに、却ってそれらの不安な状況に対して、強い否定的想念エネルギーを与えつづけてしまうのである。その結果、案の定、自分が恐れていた結果へと導かれていってしまうのである。

本人は、そのような方向に導かれてゆくことを恐れつつも、善い結果は決して得られないのである。

要するに、今現在、心の中にわだかまっているあらゆる心配事や悩み、苦しみの種は未だ結果が確定しているわけではないのである。結果は、今日の自分が決めるのである。

この結果を善きほうへ、輝かしきほうへと導いてくれるのは、神でも仏でもない。賢者や聖者でもない。他人ではない。今現在、心配や不安の種を抱えている本人自身である。

今まで人類は、神に頼り、すがり、依存することによって、善き結果を生み出してゆくものと、心底思い込んできた。信じてきたのである。

だが、二十一世紀に至って、それは誤っていたと多くの人々が気づきはじめるのである。

人類一人一人に与えられている天命と目的は、自らの自由意志による進化創造と、すべての可能性の現実化である。このことを心に踏まえて、自らが結果を導き出す以外にないのである。

善き結果を導き、生み出し、創造してゆくのは、あくまでも本人自身である。本人以外の何ものでもないのである。本人以外の誰かが助けることは出来ないのである。この一段と高い真理を、人類は学ぶ時に至っているのである。

本人の高い意識、本人の真理に目覚めた意識、本人が日々瞬々刻々、自らを磨き高め上げてゆくそのプロセスにおいて、善き結果を自らの手に納めることが出来るようになるのである。

そのための方法が、呼吸法である。深い呼吸、生命の呼吸、祈りの呼吸法である。その呼吸法によって、一つ一つのＤＮＡに刻印されている究極の真理（すべての生命が神の意志と強く結ばれている真実）に気づくのである。

自らの静かな深遠なる呼吸を通し、〝悪い状況、不吉な状況は、未だ結果として現象界に現われてきてはいない〟ということを、はっきり自覚することである。

だが、真理を知らない人は、未だ結果が確定していないその段階で、悪い状況が現われることを恐れるあまり、それが現われるであろうと自らの自由意志を働かせ、悪い現象が起きる可能性を現実につくり上げてしまうのである。

ゆえに、結果が現われる以前に、自らの究極の真理、天と自分とを一直線に一つに結んでゆく生命の呼吸、生命の祈りにより、成功する可能性、治癒する可能性、幸せになる可能性、生きる可能性を引き出せばよいのである。自らの信仰の力、信念によって導き出せばよいのである。即ち、人類一人一人与えられている自由意志の創造力を駆使して、善き輝かしき可能性へと導き、現象界に現わしてゆけばよいのである。

そのためには、それこそ自らが究極の真理を探求し、究極の真理に出会い、究極の真理を日々瞬々刻々、自らの言動に現わしてゆくことこそが必要なのである。

それには大変な努力がいるが、それは自らの尊い人生にとって欠かせない、重要なことである。

この努力こそが尊いのである。この自らが自らを真理に目覚ませてゆく努力こそが、今生におけるすべての鍵である。

本来の努力のあり方

努力とは本来、自らの眠っている無限なる宝庫に光を当ててゆくことに払われるべきものなのである。

二十世紀、人類に課せられたる努力とは、勉学に励み、成功を夢見、繁栄を手に入れ、幸せを獲得する……といった、根本的な課題から外れた枝葉のみに集中していた。人々は、富や権力、名誉や成功、繁栄や能力を手にするために、心身をすり減らし、努力を払ってきた。

この努力はやがて、真理から逸脱していった。賄賂《わいろ》やおべっかを使ったり、人を蹴落とし、人を陥れ、人を誑《たぶら》かすための汚れた努力、虚しい努力、罪なる努力、卑しい努力、無意味な努力……。

だが、これらの努力の結果として、いかなる望みや願い事が叶えられ、手中に収められようとも、決して長続きはしない。自らが払った汚らわしい努力、卑しい努力の仕返しは、必ずいつか自らに還ってくるのである。それらは真理の本道ではないため、自らが放った毒矢により、自らが傷ついてゆくのである。

真の努力を身に付けるには、一歩一歩、善なる努力、正直なる努力、誠なる努力……といった小さな努力の積み重ね、汗の結晶のような努力こそが必要なのである。

時には嵐が吹き、時には気弱になり、時には不信に陥りつつも、また気をとりなおして、真の努力を払いつづけてゆくものなのである。

その一番の方法が、呼吸法の印そのものである。この呼吸法にも、初心者向けから高等者向けまで種々さまざまな方法がある。が、第一歩からコツコツと組みはじめてゆくと、次第に内なる生命エネルギーが満ちあふれてくる。

そして時折、一瞬の閃きが走り、自らの思考がどんどん変ってゆくことに気が付いてくる。感情想念、思考がコントロールされてゆき、次第に否定的感情想念が、呼吸法に相反していることに目覚めはじめるのである。

呼吸法の印を繰り返し組みつづけてゆくうちに、自然に否定的感情想念が浄められ、心の中から消えてゆくのが感じられる。さらには、心の中から明るいひびきが響いてくるのを感じるまでに、感性が研ぎ澄まされてくる。その瞬間、自分の上に、今まで閉ざされていた可能性が存在していることに目覚めてくる。

そうしたら、しめたものである。あとは次から次へと心の中からポジティブな思考が溢れ出てくるのが、現象ではっきり分かってくるのである。あとは、自信と確信、そして究極の真理に対する強い信念をもって、自らの人生にとっての善い結果を創造してゆけばよいのである。

ポジティブな思考は力であり、ポジティブな思考は自らの感情想念を支配し、自らの運命を輝かしきもの、平安なもの、平和そのものへと創造してゆくのである。

自らの可能性に限界はない

繰り返し申し上げるが、呼吸法の印とは、悪い状況、不吉な状況が、結果として現象界に現われる以前に、その状況を善き状況、輝かしき運命へと変容させ、幸せに満ちあふれた平安な人生を生み出す――それを自らが修めてゆく方法なのである。

人類一人一人の心の中に、一体どれほどの偉大な力が眠っていることか！　一人一人が他に依存せず、内に隠されたる自らの無限なる能力を発揮してゆくことに心を集中させるならば、この世から、すべての苦悩は消え去ることであろう。すべては自分次第である。自らの一瞬一瞬の思考や感情想念こそが未来の自分自身を創り出していることに、はっきりと気づかねばならない。それが未来の運命を創造していっているからである。

ゆえに、あらゆる瞬間に自分自身を高め上げ、磨き上げてゆくことこそが大事なのである。そして自らの人生の未来に、はっきりとした目標を据えることである。それに向かって一心不乱、着実に、一歩一歩焦らずに歩んでゆくのである。

自分自身が進むことを止めない限り、自らの可能性に限界はない。なぜならば、自由意志こそが、可能性を現実化してゆくものだからである。

この可能性を決して諦めてはならない。捨ててはならない。放棄してもならない。未だかつて、一度もうまくゆかなかった苦い経験があるにせよ、今日は、うまくゆくかも知れないのである。その可能性が秘められているのである。

未だかつて一度として現実化したことのない善き結果が、必ず今日は現実化するのである。そのための努力を払うべきである。

結局、自らの心をコントロールできない人間は、いつまで経っても自分の本心に従えない人間は、最終的には他人に依存し、他人に支配されてしまうのである。

自分の本心に従えない人間は不幸である。自らの存在を、無意識のうちに否定しきってしまっているからである。自らの神聖さを信じきれず、「我即神也」の真理を信じきれないまま、悪習慣のまま、惰性にて生きてしまっているからである。

まずは、自らが変わらなければ駄目なのである。自らが変わろうとしなければ、何も変わらないのである。人類はみな、善くも悪くも、自らが決めた通りに生きているのである。人類はみな、自分自身を超えなければならない。現在の自分を超えるために究極の真理を身に修める努力をうまず弛まずすることが肝心である。

明日は今日よりもよくなっているべきである。いかなる時、いかなる場合、いかなる状況にあろうとも、今の自分を超えるための多くの努力を払い、力を注ぎ込んでゆかねばならないのである。

自らの能力に限界を引いて、限界の枠内にて生きてしまっては、勿体ない限りである。「限界」という言葉や理念に力を与えないことである。

すべては自分次第である。諦めることも放棄することも……。だが、永遠に続く流れの中で、すべての瞬間に自らの無限なる可能性が含まれているのである。それを決して無駄にしてはならない。

今現在、生きているすべての瞬間を無駄なく、注意深く生きることである。人類はみな誰もが、一人のもれなく平等に「一瞬こそが運命の創造者」となるのである。人類はみな自らの運命の設計者でもある。

（注13） 同種類の想念、言葉、行為を繰り返すことによって、それらのエネルギーが蓄積されて形成される磁場。三次元の現実世界に影響を及ぼしています。概念的には、シェルドレイクの形態形成場（形の場）と同じです。

（注14） 心の中で「我即神也」と思いながら息を吸い、息を止めて「成就」と思い、その後心の中で「人類即神也」と思いながら息を吐く呼吸法を指します。

（注15） 人類の過去から未来までの歴史すべてが記録されているデータバンク。アカシャとも呼ばれています。

（注16） 宇宙子波動生命物理学で使われている概念で、宇宙神より発せられている生命エネルギーの最小単位をいいます。精神宇宙子と物質宇宙子とがあります。

なお、宇宙子波動生命物理学は五井昌久先生より始まり、現在は西園寺昌美会長を中心に研究が進められています。

光明の言葉を生かすノウハウ
――神性意識の土壌を築く

目覚めた人は把われない

世俗的な価値観や常識に把《とら》われ、常に他人の目や他人の思惑《おもわく》を意識する人は、霊性意識も未熟で幼い。現世的なモノに目的と価値を置くため、感情の起伏が激しく、心は常に不安定である。精神的に未熟なため、内面よりも外面の豊かさ、きらびやかさに心が惹かれるのである。広く大きな邸宅、高級な宝石やハンドバッグや衣服、家具、自動車……を揃えては、優越感に浸っているのである。霊的、神的に成熟していない人ほど、物質面の豊かさやバックグラウンド（背景）、キャリア（経歴）、肉体の美醜を競い、そのことのみに誇りを感じるのである。

その反対に、神性意識に目覚めた人は、外面よりも内面の分野に関心を深め、そこに生きる価値を置く。物質やバックグラウンドやキャリアに把われることなく、かつまた財欲や肉欲、食欲にも全く囚われない。心は淡々として澄み清まり、生活はシンプルで贅沢を好まず、かといって物質欲に把われている人々に関しても一切意に介さず、どの人の生き方をも受容し、すべての多様性を認め、生きてゆけるのである。

要するに、本能的欲望意識から解放されればされるほど、何の執着も未練もなくなり、悲哀、苦悩に支配されることなく生きられるのである。過去一切を悔いることなく、未来に対する一切の不安もなく、輪廻転生にも何一つ把われることなく、日々瞬々、今現在を真剣に、しかもリラックスし、エンジョイしながら輝いて生きてゆけるのである。

すべてを生み出し吸収する点——ゼロ次元の「今」

人間は「今」という瞬間がいかなる環境、状況、状態にあろうとも、すべては輪廻の法則に基づいて生じているのである。それは現実の「今」という瞬間瞬間、すべては現われては消えてゆくという真理の法則に従って、自分自身が永遠に進化創造してゆくプロセスなのである。

すでに過ぎ去ってしまった過去のあらゆる出来事や現象そのものは、自分が今日まで生きてきた時間軸に存在する妄想と幻覚であると思えばよい（真実ではあるが）。

とすると、そういった過去の種々さまざまなる妄想や幻覚を、現在の「今」の瞬間に、自分が改めて思い出し、摑み取らない限り——つまり、それらを現在の「今」という瞬間に、自分が引っ張り込まない限りは、何も生じないのである。いや、現われるはずがないのである。

限りなく「今」という瞬間を、果因説（素晴らしく輝かしい自分の未来を創造してゆく想像力）に基づく生き方に徹すれば、未来における不安も恐怖も皆無なのである。なぜならば、自分にとっていかなる過去であれ、いかなる現実であれ、現在—未来に向かって進化創造してゆくための全プロセスであったのだから、自分自身が過去の全存在を妄想、幻覚として否定し、その代わりに、究極の真理「我即神也」「人類即神也」を、「今」の瞬間に入れてあげればよいのである。

宇宙子科学(注17)においては、「今」という存在のみが唯一肯定されているのである。「今」という瞬間は点であり、ゼロ次元なのである。ゼロ次元はすべての始まりであり終わりであり、原因であり結果であり、形があってない存在なのである。

現世であるこの世は、縦、横、高さ、時間軸からなる四次元空間を有している。人類はみな、今生に誕生すると同時に、神性意識体（我即神也）である魂が、肉体とこの四次元空間に拘束《こうそく》され、そのため不自由な存在として生きざるを得ないことを知っているのである。だが、人類は、究極的には宇宙究極の真理と秩序によって永遠に進化創造しつつ、かつこの世においては神性意識を肉体身に顕現することこそが天命なのである。従って、肉体に神そのものを顕現させてゆくことは、（宇宙子科学によると）絶対に可能なのである。

それを不可能と思えるのは、過去における固定観念そのものであり、今なおその意識を引きずって生きているためである。

ゆえに、人類はみな等しく、今生にて究極の真理そのもの（我即神也、人類即神也）を限りなく顕現させ、次元上昇してゆくことこそが天命なのである。そして最終的にはゼロ次元に還元され、完結するのである。宇宙子科学によると、ゼロ次元こそがすべての始まりであり終わりであるからである。ゼロ次元とは、全宇宙のすべての次元を吸収し、大調和させ、かつまた新たに生み出してゆく究極の場である。

ゆえに、人類一人残らず、今生にあっては自らを限りなく磨き高め上げて、「我即神也」の境地に至るのである。自らの心身ともに楽をさせて、いとも簡単に欲するすべてのものを手に入れたり、自己実現することなどは、決してないのである。

たった百年の人生をどう生きるか

昨今、多くの予言者や占い師が活躍し、未来を予言したり、個々人の運命を占ったりしているが、中には幽界の憑《つ》きものによって無責任な言葉を吐き、人々を不安と恐怖に陥れては、世の中を惑わせている人もいるのである。彼らはいつか必ず、自らの吐いた言葉の責任を、自ら取らざるを得なくなる。占いや予言によって導いた人々を救えなかった分だけ、自らがその責任を負うことになり、悲運な人生を辿ることになるのである。

宇宙の法則、究極の真理が判っていない人々は、自らの無知により、常に「人生を楽しんで生きたい」という欲望に駆られるのである。だが、いかなる人といえども、人生における自らの存在価値とは、自らを限りなく磨き高め上げ、「我即神也」に行き着くことにあり、それ以外にいかなる生き方も何もないのである。

なぜなら、人類はわずか百年でほとんどが死ぬのである。たった百年間の尊い人生において、肉体的死を宿命として背負って生きている。その我々にとって、限りなく心を磨き高め上げ、限りなく魂を神化させ、限りなく高次元に飛翔してゆくことこそが、真の喜びであり、魂の至福であり、天命であろう。

弱い人間、真理が判らない人間、欲望の虜《とりこ》になっている人間は、常に自分に自信がないし、どこに向かって進んでよいか全く判らないのである。なぜなら自らの内面に向けての真理の探求心が、全く欠けてしまっている。常に心は外に、外にと向けられて生きているのである。

心が外に向けられると、必然的に他の人のことが頭に、耳に、眼に入ってくる。そのため他者による相対的な評価に常に惑わされるのである。自分と人との貧富の差、能力の差、優劣の差、幸不幸の差、美醜の差、運命の善悪《よしあし》の差……そして他者の評価や非難、批判が気になる。要するに、他者に向けた偽善的な自分の人生をつくり上げ、それに沿って生きざるを得ないのである。全くのナンセンスである。自らの神性一点一方向に意識を集中し、魂と精神を磨き高め上げてゆくことこそ真実の人生である。他者の生き方とは全く無関係のことなのである。ましてや他者の評価など全く意味をなさない。それらはむしろ邪心であり、誘惑の種である。

自らが自らの内面に向けて真理を探求し、自らの神性を見出し、その神性を、今生のわずか百年間の肉体人生において限りなく顕現してゆくことこそ天命である。その自らの究極の目的、人類の究極の目的とは「我即神也」「人類即神也」そのものである。それ以外にない。要するに、人類一人一人は常に、自らの意識を自らの神性意識に向け集中し、他者の評価や批判、非難などに対して一切心を惑わせず、感情移入しないことである。

人間、生きるということはどういうことなのか……答えは実にシンプルである。究極の真理に照らし合わせて、人間誰もが自由に選択し、決断し、決定し、そしてそれに対して自己責任を取ることである。ただそれだけである。それのみである。さらに簡単に言えば、決して他に依存しないことである。

他に依存するということは、自らの内にある権能の力を他に譲り渡し、それにより、他からコントロールされて生きることである。自らに主権のある自らの人生は、自らの意志により自己決定を下すものであって、決して他に決められて生きるようなものではないのである。

人間は、自らの人生に何が起きようと、決してうろたえることなく、毅然《きぜん》として受容できる心が大切である。なぜならば、自分に生ずるすべての現象は、決して偶然ではなく、すべてが必然だからである。先に原因があってこその結果を受け取っているのであるが、いかなる現象であろうとも、究極の真理に生きている神人は、必ずすべてが善きほうへ、そして成就に向けて進化創造してゆくのである。

ゆえに、真理に沿って生きるということは、労せずして過分なる現世利益を得る方法を追い求めたりせず、相対的評価の獲得に勤《いそ》しまず、他に依存せず、自己実現の道へと、究極の真理「我即神也」の一点一方向へと意識を集中して生きることなのである。

神性意識あっての光明思想

今現在、二十一世紀に至っても、なお一層世の中は不穏《ふおん》に満ち、世界平和の道は遠く（無限なる可能性！）、人類の未来は見えてはこない。こうした不安定な状態を呈する時、巷《ちまた》では無責任なセミナーを開催する人々や、占いや予言者の類いの種々さまざまなる商法がまかり通っている。彼らはいずれも極端である。

一方では、個々人または人類の未来の予言や占いを通して、人々を平気で脅したり、嘘をついて騙したり、弱いところを突いてお金を取ったりして、人々を不安や恐怖に陥れている。かと思えば一方では、宗教家やスピリチュアルリーダーや、○○のエキスパートと称する人たちが、あちこちで講演会やセミナー、自己啓発の類いのプログラムなどを開催している。彼らは安易に聞き手に対して光明思想を説く。光明思想、光明の言葉の力を知らせ、広げることは大変よいことだが、それもよく注意しないと、人々はただ安易に、光明の言葉を羅列するのみでよいと思ってしまう。「言霊」と称して光明の言葉や感謝の言葉を言いつづければ、即自己実現が可能になると信じてしまうのである。そして、それによって自分の欲することすべてが手に入り、万事うまくゆくなどと安易に思い込んでしまう。

確かに自己啓発の類いは、聞き手に対して夢や希望をもたらすには違いないのだが、そこに至るまでには原点や土台がしっかりと築き上げられていなくてはならないのである。

真理が判っている人々にとっては可能であっても、そこまで至っていない人々にとっては、彼らが口で説いているほど簡単ではなく、自分の人生を変えることや奇跡を起こすようなことは、なかなか起こりにくいのである（無限なる可能性！）。

確かに言葉それ自体には、真実、言霊が存在する。悲惨な言葉、苦悩や病気、殺意の言葉を語る時、その言葉の言霊に基づき、必ず暗黒なる現象がもたらされる。一方、光明の言葉自体にも言霊があり、それらを語る時、自分や周囲に向けて光を放つことも事実である。

だが、光明の言葉の言霊本来の偉力を、最も輝かしく発揮させるためには、光明の言葉を発する人の神性意識こそが重要なのである。言葉を発する人の神性意識と光明の言霊の持つ神性のバイブレーションが相乗効果となるからこそ、我々が想像もつかないほどの偉力を発揮するのである。それは、周囲にとぐろを巻いて漂っている暗黒のバイブレーションを跳ね除け、光に変えてゆくほどのものである。

究極の真理が理解でき、そのことに意識を集中して光明の言葉を語りつづける人々こそが、真の光明思想家である。そして、その言霊のひびきを放つことにより、自分を含め、家族や周囲の人々、さらには人類の平和をも含めて、みなを幸せに、光明に育み、導いてゆくのだという、確固たる意識の動機と裏づけが必要なのである。光明の言葉を使いこなすその前提には強い動機があり、それに基づいて言霊の偉力を発揮させるべきなのである。

種を蒔く前に土壌作りを

要するに、究極の真理を理解できている人が光明の言葉を使いこなすのと、全く究極の真理が理解できていない人が光明の言葉を発するのでは、その現われ方や現象、効果、結果が異なるのである。神人たちの場合は、光明の言葉を使いこなすその前提として、究極の真理が理解できており、その上で、光明の言霊の偉大な力を信じ、さらに自らの神性意識のエネルギーをその言葉自体に集中して与えつづけるので、結果が全く異なってくるのである。

事実、多くの人々が奇跡的な変化を体験している。ただ単に光明の言葉を意味もなく羅列し、放ちつづけるのとは、根本的に違うのである。

具体的な例を挙げると、麦の種をさまざまな地に蒔くとする。種子それ自体は全く同じであり、蒔かれれば麦は出来る。だが、蒔く大地によって、成果は全く異なるのである。荒地に蒔かれたり、水のない土地に蒔かれたり、不毛の大地に蒔かれたり、太陽が全く照らない日陰の地に蒔かれたりすると、麦は完璧には育たない。途中で死に絶えるか、育ったとしても充分に成長しない。出来上がった麦はやせ細り、少量しか穫れず、多くの人々の食の足しにはならない。だが、完璧に調えられた大地、即ち太陽が照り注ぎ、充分な水に恵まれ、栄養豊富な大自然の地に育った麦は、見事に豊作となる。そして、その恩恵により、多くの人々が充足し、平安に、喜びの中に生きることが出来る。

このように、豊かな収穫を得るには、種を蒔く以前に、栄養豊富な大地を築き上げることである。そして、そのために、ノウハウ（開発等に必要な知識や技術上の秘訣）を理解し、土壌作りに励み、努力をし、経験を積まなければならないのである。現在、都会の人々が土地を借りて農作物を植えて自給自足を楽しんでいるが、その際、ノウハウが理解されている人と全く理解されていない人との差は、はっきりと現実面で作物に現われてくるのである。いかなる人といえども、初めてのことに挑戦する場合には、そのためのノウハウを学ばなければならない。学んで初めて成果が出、結果が現われるのである。

それと同様に、光明の言葉を発しても、その究極の真理のノウハウが皆目《かいもく》判らなければ、その言葉自体も充分に言霊の偉力を発揮し得ないのである。言霊は、その発する人の意識の代弁者である。従って、高い神性意識で発せられるのと、未だ低次元意識で言霊の偉力が伴わずに言葉だけが飛び出すのとでは、結果が異なるのである。

奇跡を生み出す土壌

やはり、究極の真理に対して疑いや不信の念が生じていたり、依存心が強ければ、そのギャップによって差異が生ずることは確かである。疑いや不信の想いは、マイナス想念であるから、いくら光明の言葉を発しつづけても、心の中では「本当になるのかしら?」「こんな私でも奇跡は生じるのかしら?」などと、未だに常識や固定観念に縛られ、自らの心を解き放つことが出来ないのである。

だが、それでもなお努力し、コツコツと究極の真理を実践しつづけてゆけば、潜在意識が光明化される。そうなると、たちまち光明の言葉はあらゆる輝かしき現象を次々ともたらしてくれるのである。

要するに、人類はみな一人残らず、真理に対して謙虚でなければならない。そして、いかなる現象が自分の前に現われても、すべては前生の因縁の消えてゆく姿であるという、この絶対なる究極の真理を心から信じて実践に努めれば、どんな人の人生も必ず幸せに、平安に導かれてゆくのである。

その根本の消えてゆく姿が理解できていなければ、成るものも多少しか成らないのである。うわべの光明の言葉の羅列では、偉力が小さい。劇的な変化をもたらすことも少ない。かつまた、自らの欲望達成や現世利益が動機にある光明の言葉の効果は、+−0《プラスマイナスゼロ》である。それでも否定的な言葉を使ったり、やらないよりは効果抜群であるが、多少の効果しか現われない。

ここで私が述べているのは、あくまでも裏に神性意識による動機づけがある場合と、ない場合の比較である。その土壌は、あくまでも世界人類が平和でありますように、我即神也、人類即神也、光明思想、光明の言葉の積み重ねである。自分を含め、家族や社会や人類がともに幸せに、平和に導かれてゆくといった心がなければならないのである。常に心は個人人類同時成道。「個は全体であり、全体は個である」という真理の法則に基づいた意識がなければ、言葉の効果も半減する。

今生において言えることは、楽をしてすべてを手に入れることは出来ないということなのである。どんなことにおいてもコツコツと努力がいる。この努力とは何か？　欲望達成のための努力、願望成就のための努力では決してない。

それは、究極の真理を理解し、実践するための努力である。人間は、放っておけばイージー（簡単）なほうへ流れてしまう。その心を意識して究極の真理に向かわせしむる生き方こそ、尊いのである。

神性ほど尊きものはない。自らの神性を発揮しつつ次元上昇してゆく喜びは、他に換えようのない至福である。究極の人生そのものである。

（注17）　宇宙子波動生命物理学の略称です。

古い信念からの飛翔

人類の問題――無意識の常習

何故、私が「意識して」という言葉を強調するかというと、人類一人一人の言動行為がいかに無意識のうちに行なわれているか、それに尽きるのである。この無意識の言動行為を人類一人一人が意識的に改めようと試みない限り、二十一世紀もまた、人類の魂に擦り込まれた誤った感情想念の選択、決断、決行により、無意識のうちに戦争、殺戮、飢餓、貧困、疫病、難民、差別、対立、汚染の選択、決行を繰り返してゆくからである。

人類一人一人は、心の底から強く意識しない限り、いつまでも無意識の反応を繰り返してゆくのである。なぜならば、自らの心の中に無意識の反応の習慣や体験、クセが無数に存在しつづけているからである。意識せずにいると、常にしつこく現われてくる無意識のクセ、習慣、体験こそが曲者《くせもの》なのである。

人類は本来ならば、肉体から無駄な動きを削《そ》ぎ、無駄な表現を消し、不用な技を省《はぶ》き、精神から過剰な情報を削ぎ落とし、過剰な感情想念を消し去り、過剰な知識・常識を省くことで、光り輝く神の透明な肉体と精神に昇華し、神の姿を顕現させてゆくものなのである。

この無意識の反応は、善くも悪くも、長い間、自らの心の中に培《つちか》われてきた人類の意識のクセである。それが常識であれ、知識であれ、教養であれ、情報であれ、自己防衛手段であれ……人類が生き抜くために、長い間にわたって身に付けてきたクセである。この想いのクセ、習慣のクセ、体験のクセ、歴史的、文化的に身に付けてきたクセ、伝統的なクセ、環境によるクセ……などは、そう簡単には変わるものではない（無限なる能力！）。

帰属する環境がもたらすクセ

例えば数年前、私はモンゴルの大学に講演に出かけた。その折、空港の待合室では、五、六人の男女が幾つものイスを占領し、その上に自分たちの荷物やテントを置き、さらに各人がおのおの三つのイスを確保し横に並べて、寝そべっていたのである。周りには、イスに座れず立っている外国人の旅行者たちもいた。だが、彼らは少しも気にすることなく、お互いにのんびりと食べたり飲んだり大声でしゃべったりしていた。それを眺めていると、教養や知識のない人たちだと思えてきた。だが、その状況をよくよく眺めていると、彼らはみな実に大らかで、平和で、人のよさそうな、穏やかな顔をしているのである。彼らにとって、それは横柄な態度ではなく、当たり前の全くの自然体だったのである。大草原で馬を駆り立て走り回り、テントで暮らしている彼らにとって、他人との距離感や個人的な空間の取り方が理解できていなかっただけのことである。

我々日本人はといえば、狭い島国で一億人以上の人々が暮らしている。特に過密都市に住んでいる人々にとって、空間は大変貴重な存在である。毎日ギューギュー詰めの満員通勤電車に揉まれて、雑踏の中を人とぶつかり合いながら歩いているのである。また、小さなオフィスでは、仕事の内容の話し合いであっても、他の人々に遠慮しながら話すというように、小さくなって働いているのである。日本人は無意識のうちに、他人に迷惑がかからないよう、少しでも多くの人が限りなく座れるよう、ゆずり合い、詰め合いながら配慮して座る習慣があるのである。そんな習慣のクセを身に付けている私などは、たくさんの座席を占領して寝そべっている人々を見た時、つい呆《あき》れてしまったのである（無限なる赦し！）。

今の例は、ごくユーモアあふれる一例であるが、世の中はこんな生ぬるいものでは決してない。皆とても深刻である。国の違い、経済の違い、政治の違い、宗教の違い、伝統の違い、文化の違い、歴史の違い、思考の違い、教育の違い、環境の違い、人種や民族の違いから来る長い長い習慣のクセ、体験のクセ、思考のクセは、それこそ一朝一夕で切り崩せるものではない。大きな弊害となって人類の上にのしかかってくるのである。

それらあらゆる違いから来る思考、体験、習慣のクセ、信念のクセには、善いものもあるし、弊害になるものもある。だが、どちらにせよ、その違いを根こそぎ破壊して、すべてを改革しようと思うと、それは大変なこととなる。混乱を生じさせ、対立を生じさせ、争いを生じさせ、それこそ戦争にまで発展しかねないのである。そんなことでもしようものならば、人類は自らの手で破滅の道へと突っ走っていってしまうのである。

変革とは意識の飛翔

新しい変革とは、古いものを根こそぎ破壊することではないのである。それらすべての違いを認めつつ、超越してゆくことである。この超越してゆくということは、現実に古いものは一応そのままに、それら古いもののさらにもっと上へ、もっと向こうへ、もっと先へ、もっと新しく、もっと輝かしく、自らの思考を集中させ、意識を飛翔させてゆくことである。この方法は、古くから存在しつづけているものを批判したり、非難したり、否定したり、破壊するものでは決してない。人類の意識を古いものから輝かしいものへと、そしてさらには絶対なるものへと方向転換し、導いてゆく方法である。

この最もよい例が、我々が日々祈っている「世界人類が平和でありますように」という五井先生提唱の祈り言葉である。この祈りは、今やさまざまな宗教はもちろんのこと、多くの団体、組織、個人レベルの分野に至るまで、どこからも認められ、受け入れられているのである。事実、一九九五年には、国連五十周年の祝典にて各宗教・宗派の代表者が祈りを捧げるセレモニーが行なわれたが、各宗教の経典の一節をその宗教の先唱者が読んだ後、この祈り言葉は各宗教・宗派共通の祈りとして、多くの人々の間で広く祈られたのである。

このように、古くから存在しつづけている宗教、文化、歴史、芸術、教育、医療、経済、スポーツに対して、真っ向から全否定するのではなく、よきものは残し、悪しきものは少しずつ変えつつ、それらのレベルを超えて、新しいものを生み出し、創り出してゆくことが必要なのである。

かつまた、人類一人一人の意識、魂の中には「古ければ価値がある」「古い真理は絶対である」「古い宗教は正しい」という、極端に古いものをよしとする固定観念が根強く残っている。確かに絶対なる真理、究極の真理は古くから永遠に変わらない真理そのものであるが、中には古くても、誤った解釈の真理が存在しつづけている。それらを絶対なるものとして頑《かたく》なに信じることよりも、もっと柔軟性が必要である。

生きとし生けるものすべて一切のものは、進化創造しているのである。古いものは次第に消え失せ、新しいものがそれに取って代わるのである。即ち老子の「弊《やぶ》るれば則ち新たなり」である。常に古いものが弊れて新しいものが出てゆくことが、自然の理《ことわり》なのである。

いつまでも古いものに把われていると、新しいものが生まれ出ず、邪魔になって、宇宙の運行を妨げることになるのである。たとえ古いものが善なる事柄であっても、その事柄が古いままであることは絶対にないのである。古いものに執着してはならないのである。

新しいものを受け入れることは、本人によほどの強い決意がなければ出来にくい。心の底から意識して変わろう、変わりたい、変わるのだ、変わらなければならないという強い信念があってこそ、初めて出来うることなのである。それでさえもなお、変わり得るものではない（無限なる可能性！）。なぜならば、昔から今日まで続いている古い習慣、体験、信念、クセ、固定観念が、しつこく自らの歩む道を遮断してしまうからである。

国、宗教、人種、民族、歴史、文化、伝統、法律、政治、経済、医療、教育、芸術、スポーツ、その他ありとあらゆるものは、すべて昔から現在に至るまで、そっくりそのまま受け継がれているものではないのである。時代の流れとともに次第に変化し、かつまた環境や自然状況により少しずつ変わってきているのである。

変化が遅々として少しも変わらない分野もあれば、実に目覚ましい勢いで進化創造を遂げている分野も同時に存在するのである。そして宗教における神と人間に関する古い信念や固定観念は、未だ変わってはいない。「神と人間とは対立し、分離している」「一体ではない」……このような解釈が、今なお、世界人類の意識の中に刻み込まれている。

神に対して自分をどのように位置づけているか？

二十一世紀、神と人間との関係は、対立、分離ではなく一体である。地球上のスピリチュアルな人々は、それをすでに受け入れている。地球上で、新しい生き方が開示されている。

そして、それを理解し、ついにはその究極の真理を自らの言動行為に表現してゆくのだという人さえも現われてきているのである。それは地上で最も高く、最も深遠で、最も偉大なる行為である。

固定観念に縛られている者たちは神を恐れている。彼らは未だに前進することを恐れ、古い信念の枠から抜け出せないでいる。古いやり方にはまり、古い習慣にしがみついたままだ。決して自由ではない。

だがしかし、時の始まりから、宇宙神と人間は交流していたのである。ひびき合っていたのである。祈りを通して、印を通して、呼吸法を通して……。

神に対して正しいとか、誤っているとか、人間はそういったレベルにはない。神に限りなく近いか、限りなく離れてしまっているかのレベルの違いがあるのみである。離れてしまった者たちは、新たに限りなく神に近づいてゆけばよいだけのことなのだ。そこには罪も罰も裁きも、そして天国も地獄もない。光だけだ。神の世界だけだ。

「人間は、自分の想った通りの人生を創造してゆく」というのが想念の法則である。自分は無力だと思えば、本当に何も出来ないまま、何も生み出せないまま、何もしないまま人生を終えてしまう。何と勿体ない、何と無意義な人生なのであろうか。

だが、未だに人類の多くの人々が、迷える人々が、勇気のない人々が、何一つの変化を起こせずに、何一つ自分自身に挑戦もせず、不満多き、苦悩多き人生を送っている。彼らには真実の真理が理解されてはいない。人生とは自分自身が創造してゆくものであることを知らず、未だ自分の苦しみも不幸も悲惨さも神が決定していると信じきっている。だが、真実は、神は何も決めてはいないし、決定してもいない。決めているのはすべて自分自身だということを、彼らは知らないだけなのだ。未だ低次元意識レベルにとどまったままなのだ。

彼らにとっては、真の自由も真の幸せも真の平和もない。なぜなら、自らの心のあり方が即現実に反映していることを知らないからだ。ゆえに、常に何かに怯え、何かに恐怖し、何かに執《とら》われ、生きている。そこに未来への希望や期待感が全くないのだ。

人類はみな、種々異なる意識レベルで、自らを表現し、体現して生きているのである。だが、彼らは自分が本来何者であるのか……が少しも判ってはいない。彼らにとって、自分は人類六十数億人の一人、小さな存在、取るに足らない存在、役にも立たず、害にもならない存在、そういうものと思い込んでいるのである。

そういう激しい思い込みの信念がある以上、自らの生命を輝かしく壮大な人生へと創造するための選択や決断が、自らに出来るなどとは夢にも思わないことなのである。常に小さな枠の中で、自らの罪意識や固定観念に縛られたまま、不満だらけの人生を歩みつづけているのである。しかし、彼らが絶対なる神と自らの人生をどう位置づけてきたかが問題なのである。神と人間とを対立させ、分離させたのは、決して神ではない。人類なのだ。それらの迷信、幻想、錯覚から未だに人類は自由になり得ないのである。これらの誤った信念は、それを支える多くの人々によって維持されたままである。人類は一日も早く、人類が維持してきた迷信に惑わされることなく、真理に目覚めて輝かしい人生を創造してゆくべきである。

世界人類を平和に導くのか、破滅へと突っ走らせてゆくのか……、これは人類一人一人の選択にかかっている。人類一人一人は、人類の未来の行く手が自分たち一人一人の選択、責任にかかっていることを心して知らなければならないのである。

人類一人一人が語りつづける言葉は憎悪の言葉か、報復の言葉か、争いの言葉か、それとも希望に溢れる言葉か、歓喜の言葉か、感謝や赦しの言葉か。また人類一人一人が現わす行為は暴力か、戦争への行動か、それとも愛と助け合いの行動か、平和への行動か。かつまた人類一人一人が発する想念・思考は不安・恐怖の思考か、それとも愛と永遠の生命の思考か、究極の真理への探求か。どちらを選択するのもすべて人類一人一人の自由なる選択に委ねられている。

今現在、地球人類が危機的な立場にあるのも、もとを正せばすべて人類一人一人が選択した結果なのだ。このままでゆくと、人類は自らを完全に滅亡へと追いやることも充分に出来るのである。一方、自らを完全に平和や幸せにすることももちろん可能なのである。破壊を取るか、進化創造を取るか、果たして人類の選択はいかに!!

人類は変わる、世界は変わる

だが、真理に目覚めた人々により、世界は確実に変わる。彼らに接した人たちは、みな心が解き放たれ、笑いが蘇る。自由が得られる。自らを赦し、自らを愛し、自らを讃える生き方の真理に導かれ、蘇ってゆくのである。

そして人類は、高次元意識レベルの人から次々と、真理の道へと歩み出す。彼らは究極の真理を深く理解し、宇宙神との一体感を得るに至るまで、自らが自らを高め上げてゆく。他者を愛し、他者を赦し、他者を信頼し、他者を受容し、それによって自らの中から全くの対立や差別が消え失せてゆくのである。

世界各国各地で、すべての対立、差別を超え、お互いがお互いを受容し合い、認め合い、助け合い、愛し合い、補い合い、宇宙神の一点一方向へと回帰してゆく。人類はみな人類即神也そのものであり、一体であるという選択、決断、決行が自然に出来るようになるのである。この究極の真理はいよいよ世界中で繰り広げられてゆく。

これこそが、誰もが待ちに待っていた人類の「復活」である。イエスや一人の聖者や賢者が世の中を変えるために復活するのではなく、世界人類一人一人が究極の真理に目覚めてゆく、そのプロセスで世界が変わってゆくのである。人類一人一人の目覚めこそが、人類の「復活」である。神との一体感、他者との一体感、そして地球の生きとし生けるものとの一体感こそ、地上天国、世界平和実現への道なのである。

参考資料

人間と真実の生き方

人間は本来、神の分霊《わけみたま》であって、業生《ごうしょう》ではなく、つねに守護霊《しゅごれい》、守護神《しゅごじん》によって守られているものである。

この世のなかのすべての苦悩は、人間の過去世《かこせ》から現在にいたる誤てる想念が、その運命と現われて消えてゆく時に起る姿である。

いかなる苦悩といえど現われれば必ず消えるものであるから、消え去るのであるという強い信念と、今からよくなるのであるという善念を起し、どんな困難のなかにあっても、自分を赦《ゆる》し人を赦し、自分を愛し人を愛す、愛と真《まこと》と赦しの言行をなしつづけてゆくとともに、守護霊、守護神への感謝の心をつねに想い、世界平和の祈りを祈りつづけてゆけば、個人も人類も真の救いを体得出来るものである。

世界平和の祈り

世界人類が平和でありますように
日本が平和でありますように
私達の天命が完《まっと》うされますように
守護霊様ありがとうございます
守護神様ありがとうございます

光明思想の言葉

光明思想の言葉には、次のような言葉があります。

無限なる愛
無限なる調和
無限なる平和
無限なる光
無限なる力
無限なる英知
無限なるいのち
無限なる幸福
無限なる繁栄
無限なる富
無限なる供給
無限なる成功
無限なる能力
無限なる可能性
無限なる健康
無限なる快活
無限なるいやし

無限なる新鮮
無限なるさわやか
無限なる活力
無限なる希望
無限なる自由
無限なる創造
無限なるひろがり
無限なる大きさ
無限なる発展
無限なるエネルギー
無限なる感謝
無限なる喜び
無限なる美
無限なる若さ
無限なる善
無限なるまこと
無限なる清らか

無限なる正しさ
無限なる勝利
無限なる勇気
無限なる進歩
無限なる向上
無限なる強さ
無限なる直観
無限なる無邪気
無限なるゆるし
無限なる栄光
無限なる気高さ
無限なる威厳
無限なる恵み
無限なる輝き
無限なる包容力

我即神也《われそくかみなり》（宣言文）

私《わたくし》が語る言葉は、神そのものの言葉であり、私が発する想念は、神そのものの想念であり、私が表わす行為は、神そのものの行為である。

即ち、神の言葉、神の想念、神の行為とは、あふれ出る、無限なる愛、無限なる叡智《えいち》、無限なる歓喜、無限なる幸せ、無限なる感謝、無限なる生命《いのち》、無限なる健康、無限なる光、無限なるエネルギー、無限なるパワー、無限なる成功、無限なる供給……そのものである。それのみである。

故に、我即神也、私は神そのものを語り、念じ、行為するのである。

人が自分を見て、「吾《われ》は神を見たる」と、思わず思わせるだけの自分を磨き高め上げ、神そのものとなるのである。

私を見たものは、即ち神を見たのである。私は光り輝き、人類に、いと高き神の無限なる愛を放ちつづけるのである。

人類即神也《じんるいそくかみなり》（宣言文）

私が語ること、想うこと、表わすことは、すべて人類のことのみ。人類の幸せのみ。人類の平和のみ。人類が真理に目覚めることのみ。

故に、私個に関する一切の言葉、想念、行為に私心なし、自我なし、対立なし。すべては宇宙そのもの、光そのもの、真理そのもの、神の存在そのものなり。

地球上に生ずるいかなる天変地変、環境汚染、飢餓、病気……これらすべて「人類即神也」を顕すためのプロセスなり。

世界中で繰り広げられる戦争、民族紛争、宗教対立……これらも又すべて「人類即神也」を顕すためのプロセスなり。

故に、いかなる地球上の出来事、状況、ニュース、情報に対しても、又、人類の様々なる生き方、想念、行為に対しても、且つ又、小智才覚により神域を汚《けが》してしまっている発明発見に対してさえも、これらすべて「人類即神也」を顕すためのプロセスとして、いかなる批判、非難、評価も下さず、それらに対して何ら一切関知せず。

私は只《ただ》ひたすら人類に対して、神の無限なる愛と赦《ゆる》しと慈しみを与えつづけ、人類すべてが真理に目覚めるその時に至るまで、人類一人一人に代わって「人類即神也」の印を組みつづけるのである。

西園寺昌美（さいおんじまさみ）
祈りによる世界平和運動を提唱した故・五井昌久氏の後継者として、＜白光真宏会＞会長に就任。その後、非政治・非宗教のニュートラルな平和活動を推進する目的で設立された＜ワールド ピース プレヤー ソサエティ（国連ＮＧＯ）＞代表として、世界平和運動を国内はもとより広く海外に展開。１９９０年１２月、ニューヨーク国連本部総会議場で行なった世界各国の平和を祈る行事は、国際的に高い評価を得た。１９９９年、財団法人＜五井平和財団＞設立にともない、会長に就任。２１世紀の人類の指針となる『生命憲章』を発表。講演や多くの著書を通じて人々に生きる勇気と感銘を与えている。ブダペストクラブ名誉会員。世界賢人会議（ＷＷＣ）メンバー。
『明日はもっと素晴しい』『我即神也』『真理―苦悩の終焉』『教育の原点―運命をひらく鍵』『次元上昇『真理の法則』（以上、白光出版）
『あなたは世界を変えられる（共著）』『もっともっと、幸せに』『無限なる幸せ』（以上、河出書房新社）
『You are the Universe』『The Golden Key to Happiness』
『Vision for the 21st Century』
など著書多数。

白光真宏会出版本部ホームページ　http://www.byakkopress.ne.jp
白光真宏会ホームページ　http://www.byakko.or.jp

今、なにを信じるか？
―固定観念からの飛翔

平成二十年五月二十五日　初版

著者　西園寺昌美
発行者　平本雅登
発行所　白光真宏会出版本部
〒418-0102 静岡県富士宮市人穴八一二―一
電話　〇五四四（二九）五一〇九
ＦＡＸ　〇五四四（二九）五一一二
振替　〇〇一二〇・六・一五一三四八
東京出張所
〒101-0064 東京都千代田区猿楽町二―一―一六
下平ビル四〇一
電話　〇三（五二八三）五七九八
ＦＡＸ　〇三（五二八三）五七九九
印刷所　株式会社 明徳印刷出版社

乱丁・落丁はお取り替えいたします。
定価はカバーに表示してあります。

ISBN978-4-89214-181-2 C0014